LE GÉNÉRAL SONGEON

1771-1834

De Patrice THEBAULT

Octobre 2018

1

ISBN : 978-0-244-42116-8

SOMMAIRE

AVANT-PROPOS

CHAPITRE I
Ses origines familiales.
Son premier enrôlement dans les troupes royales de France aux colonies.
Campagne de Saint-Domingue. (1771-1790.)

CHAPITRE II
Le 5ème bataillon des Volontaires du Mont-Blanc.
Armée des Alpes et d'Italie.
Armée des Pyrénées-Orientales. (1791-1795)

CHAPITRE III
Armée d'Italie
(11ème et 14ème demi-brigade de ligne).
Armée de Rome.
Armée de Naples, occupation de Rome (état-major).
19ème demi-brigade, 28ème régiment. (1796-1801).

CHAPITRE IV
Armée d'Italie ; armée d'Allemagne ;
armée de Brabant ; Etat-major. (1805-1810)

CHAPITRE V.
Armée d'Espagne (état-major).
Siège de Saint-Sébastien. Captivité. (1811-1814.)

AVANT-PROPOS

Le projet de réaliser un travail sur le général SONGEON est le pur produit du hasard.

Je fus contacté en début septembre 2018 par une personne, David DUARTE, qui se présentait comme journaliste, ayant obtenu mes coordonnées par l'Office de Tourisme du Pays Houdanais, dans le but de savoir si des tombes de « grognards » de Napoléon existaient au cimetière de Houdan.

Je me suis dans un premier temps renseigné sur ce journaliste qui s'est avéré effectivement comme membre de la « Gazette en Yvelines », organe de presse ne publiant que sur Internet, principalement axé sur la partie nord du département.

J'avais présenté en 2017 un travail sur les conscrits natifs de Houdan, étude relative aux années 1791 à 1815, et avais observé quelques sépultures, notamment celles de la famille BELLIERE qui étaient relativement bien conservées. Mais il s'agissait de conscrits qui n'avaient pas été enrôlés. D'autre part, j'avais volontairement laissé de côté une tombe d'un officier supérieur, celui-ci étant originaire de Savoie.

L'intérêt de David étant plus global que le mien, sa curiosité fut néanmoins contagieuse et je me rendis à plusieurs reprises au cimetière.

Ayant localisé la sépulture du général SONGEON, je m'y intéressai plus attentivement. Des mousses dissimulaient en partie les inscriptions et je remarquai surtout une plaque en métal mentionnant le « Souvenir français », organisme se chargeant de la mémoire de l'Armée française.

J'effectuai rapidement une recherche sur ce général. Un ouvrage relatant sa vie existait, édité en 1915 : « le général Songeon : sa vie militaire et civile, 1771-1834 » par Jules COCHON, ancien lieutenant-colonel hors cadres, ancien conservateur des eaux et forêts.

Cette édition semble avoir créé un début de polémique avec la Revue des Etudes Napoléoniennes qui mentionna les travaux de Jules COCHON en ces termes :

« La vie, tant civile que militaire, du général Songeon

méritait-elle que M. Jules Cochon lui consacrât une monographie assez copieuse, au moins en apparence ? Et était-il opportun qu'il la fit paraître au milieu de la guerre, alors que d'autres personnages plus sympathiques appellent notre attention et méritent notre admiration par des actes d'une bien autre portée que les siens ? »

Le ton était donné !

Qui était cet homme pour qu'il soit ainsi « déprécié » parmi ses contemporains ?

Né à Annecy, alors dépendant de la couronne de Savoie-Sardaigne, dans un milieu aisé, il doit s'engager très jeune (dernier de huit enfants) dans le corps de l'artillerie. Puis survient la révolution française, l'annexion de son pays à la France, dont il épouse les idées d'alors, rapidement élu à la tête de l'un des bataillons de volontaires. Il fait toutes les campagnes jusqu'à l'obtention de la Légion d'Honneur en mars 1804 !

Ses fonctions ensuite vont le diriger vers les états-majors et plus spécialement ce que l'on appellerait de nos jours la logistique.

Capturé à San Sébastian en 1813, il va partager, d'une manière bien plus confortable, le sort des Français emprisonnés en Grande-Bretagne.

Ses positions lors des années 1814 et 1815 restent ambiguës. Certains témoignages le présentent comme un royaliste acharné, d'autre comme un oportuniste convaincu (comme bien d'autres à cette époque).

Il va tenir un temps la position de maître de la poste aux chevaux à Bourgoin, finissant par se fixer à Maulette où il décèdera à l'âge de 63 ans en 1834, vraisemblablement des suites d'une chute de cheval survenue dans le petit terrain longeant l'église, dans lequel paissent de nos jours quelques moutons.

Cet homme fut certainement attaché aux valeurs de la révolution tout en maintenant une étroite proximité avec les milieux royalistes.

L'un de ses fils, qui devint sénateur de la Seine, fut qualifié d'homme de gauche. Ce fut lui qui fit ériger la sépulture de son père telle que l'on peut encore la voir aujourd'hui !

J'ai repris une bonne partie du travail de J.COCHON, tout en l'agrémentant de quelques documents d'ordre généalogique.

Je vous souhaite une bonne découverte de cette personnalité et peut-être aurez-vous l'occasion de vous arrêter devant sa sépulture, située sur la gauche juste après l'entrée du cimetière.

Patrice THEBAULT, octobre 2018

CHAPITRE I

**Ses origines familiales.
Son premier enrôlement dans les troupes
royales de France aux colonies.
Campagne de Saint-Domingue.
(1771-1790.)**

SES ORIGINES FAMILIALES

Songeon Jean Marie naquit à Annecy le 3 avril 1771, huitième enfant de Jean-Philibert Songeon et de Jeanne Burdet, famille négociante établie en Savoie depuis plusieurs générations, mais que la tradition prétend être d'origine espagnole (Annecy demeura sous occupation espagnole de 1742 à 1749).

Son grand-père, **Jean Claude SONGEON**, né en 1674 à Annecy, avait épousé Perrine ROUX en 1695, puis Claudine MARTIN en 1728. De la première union, il avait eu 5 enfants, de la seconde 7 enfants dont Jean Philibert le 30 avril 1740 (le dernier des 7).

Jean Philibert épousa vers 1760 Louise GURSEL puis Jeanne BURDET en juillet 1767, toujours à Annecy. 8 enfants vinrent au monde, dont **Jean Marie** en 1771.

Nous sommes en présence de riches négociants, la famille MARCHANT mentionnée dans l'acte ci-dessus n'hésitant pas à faire jouer violons et violoncelles lors des baptêmes des enfants.

Jean Marie fit des études classiques secondaires au collège de Nantua, tenu par les Joséphistes de Lyon qui restèrent chargés de cet établissement par la ville, de 1774 à la Révolution. Il y contracta en particulier le goût excessif, mais combien malmené aujourd'hui, du latin et nous en verrons ses citations presque macaroniques dans des rapports officiels d'état-major et, dit-on, jusque dans ses proclamations. Les religieux de ce nom, Joséphistes ou Missionnaires de Saint-Joseph, furent fondés à Lyon dans la seconde moitié du XVIIème siècle par Jacques Crétenet, chirurgien de Lyon, aidé par le prince de Gonti. Devenu veuf, il devint prêtre et mourut en 1666. Cette congrégation avait pour but la prédication et l'éducation de la jeunesse ; c'est à ce titre qu'elle dirigea le Collège de Belley et celui de Nantua jusqu'à la Révolution, aussi manifestait-il déjà le don des langues qui lui permit plus tard de parler et d'écrire en espagnol, en italien, en anglais et qui servit sans doute à son classement.

D'un naturel enjoué, qui ne se démentit jamais, il sut s'y faire de bonnes amitiés qu'il retrouva longtemps après, dans des jours difficiles, ce qui n'est pas peu dire, et qui le déterminèrent à chercher dans l'Ain des remèdes à sa mauvaise fortune. Abandonné à ses propres forces et très entreprenant, il n'attendit pas la fin de ses humanités pour choisir une position, car dès l'âge de 16 ans, le 16 juin 1787, il se trouvait engagé volontaire comme apprenti canonnier dans l'artillerie française des colonies. J'imagine que son enrôlement dut se faire, non par un simple coup de tête, mais avec l'assentiment de sa famille : il n'eut pas besoin de changer de naturalité, mais ce fut toutefois à partir de ce moment qu'il considéra la France comme sa seconde patrie ; on eut le tort de l'oublier plus tard.

Le 24 octobre 1784, fut créé par ordonnance le corps royal d'artillerie des colonies, régiment d'artillerie dépendant du ministère de la Marine. En préambule, on pouvait lire : « *Sa Majesté voulant assimiler le service de l'artillerie dans ses colonies à celui de son Corps Royal de l'Artillerie en France et remplacer les compagnies de canonniers-bombardiers employés à faire ce service par un régiment et deux compagnies d'ouvriers* ». Le régiment se composait de 5 brigades de 4 compagnies chacune. Aux 20 compagnies de canonniers venaient s'adjoindre 2 compagnies d'ouvriers. Le colonel, le lieutenant-colonel directeur, un ou deux chefs de brigade ainsi que le quartier-maître trésorier restaient en France. Trois brigades d'artillerie étaient affectées aux colonies tandis que les deux autres brigades restaient à Lorient, comme compagnies de dépôt.

Il fut envoyé d'emblée dans l'île de Saint-Domingue où il connut pour la première fois sans doute, bien que son père fut confiseur, l'ananas dont il décora son blason. Un an après, il était déjà canonnier en premier et promu artificier en 1789.

A cette époque, Saint-Domingue, la reine des Antilles, était la plus importante et la plus riche de nos colonies. 42.000 blancs, 37.000 hommes de couleur libres et 5oo.ooo noirs esclaves peuplaient la partie française au Nord, tandis que la partie Sud, moins peuplée et moins prospère, était à l'Espagne. Les forces militaires comprenaient environ 5.000 hommes, soit deux régiments d'infanterie recrutés en Europe, ceux du Cap Français et de Port-au-Prince et une artillerie coloniale de 400 canonniers ; il y avait aussi d'autres détachements de régiments de France et des milices formées d'habitants libres. Aucune ville n'était fortifiée.

La population blanche constituait la race dominante elles planteurs formant l'aristocratie coloniale avaient de grandes fortunes et des existences somptueuses. Les affranchis ou gens de couleur, classe intermédiaire entre les blancs et les esclaves, avaient tendance à s'accroître malgré l'antipathie des blancs qui cherchaient à les exclure de certains métiers comme ils l'étaient par la loi des fonctions civiles, judiciaires et militaires. Ils jalousaient à leur tour les blancs et aspiraient au jour où ils cesseraient d'être des parias victimes d'anciens préjugés. Les esclaves étaient traités avec rigueur ; il fallut l'apport des noirs étrangers pour en maintenir le nombre. Le Code noir était resté lettre morte, beaucoup étaient d'origine africaine.

Les apprentis canonniers étaient des novices qui servaient séparément ou avec les 5 bataillons du Régiment royal artillerie. Pour occuper les places vacantes ils étaient examinés et exercés en présence du Directeur et de l'Inspecteur aux revues avant d'être admis.

La capitale ou siège du gouverneur était Port-au-Prince, mais la principale ville était le Cap Français, une des plus brillantes cités de l'Amérique. Saint Marc, dans la province de l'Ouest, était réputée par ses salines et ses excellents cafés.

Au lendemain de la Révolution, le mécontentement général contre le régime économique colonial et contre le militarisme exagéré jusqu'au despotisme le plus absolu, fit espérer que la colonie pourrait être débarrassée de la tutelle de la métropole en faveur des blancs ; les hommes de couleur songèrent à réclamer leur égalité ; des comités s'organisèrent sans l'autorisation du gouvernement et convinrent de réunir une Assemblée coloniale à Saint-Marc pour éviter Port-au Prince. Cette Assemblée qui devait avoir lieu le 25 mars 1790 suscita des troubles qui éclatèrent dès les premiers jours de ce mois et provoquèrent l'intervention de la force armée ; ce fut dans une de ces luttes comparables à celle des grévistes de nos jours, que le 10 mars l'artificier Songeon reçut un coup de feu pour sa première blessure. Cette insurrection fut aussi l'origine de la perte de la colonie par la guerre civile que ni l'Assemblée nationale ni la Constituante ne purent arrêter. Des instigateurs secrets poussés par les Anglais et les Espagnols amenèrent les noirs à la révolte et dans la nuit du 22 août 1791, ils massacrèrent tous les blancs de la plaine du Cap. L'Assemblée législative envoya en 1792 de nouveaux commissaires et des troupes qui essayèrent sans succès de pacifier le pays menacé déplus en plus par l'Angleterre en 1793, quand la guerre maritime fut déclarée ; Rochambeau dut capituler glorieusement le 5 juin 1794.

Toutefois, l'artilleur était rare et quand la France se retrouva directement menacée d'invasion, le 8e régiment d'artillerie (nouveau nom de l'artillerie coloniale à partir de 1791), fut rappelé en France. Ce régiment sera dissout en 2013.

CHAPITRE II
Le 5ème bataillon des Volontaires du Mont-Blanc.
Armée des Alpes et d'Italie.
Armée des Pyrénées-Orientales.
(1791-1795)

Songeon était rentré en Savoie après sa blessure et jouissait depuis 1791 d'un congé définitif.

Sa mère était décédée en mai 1789.

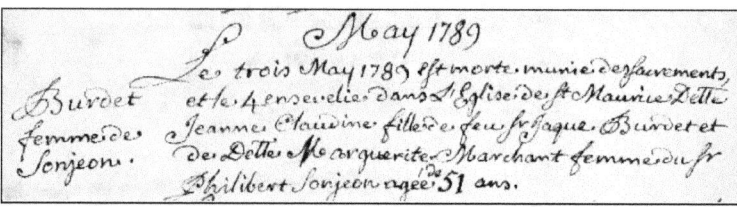

Il venait d'être libéré quand il contracta le 14 novembre 1791 sa première union à La Roche avec Jeanneton Séraphin, fort jolie personne si l'on en juge d'après ses portraits postérieurs, qui lui apportait en dot une promesse de 1.200 livres avec un troupeau évalué 400 livres. Un premier enfant, Jean-Guillaume, en naquit à Annecy le 28 septembre 1792, et le 27 novembre suivant la Savoie était déclarée par la Convention appartenir à la France comme 84ème département, sous le nom de Mont-Blanc.

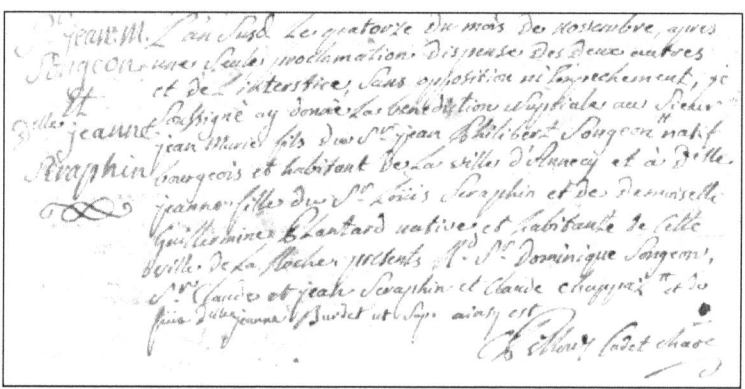

Montesquiou y avait d'ailleurs pénétré sans combat le 22 septembre et nulle part les Français n'eurent à tirer un coup de fusil pour cette occupation ; mais au-dehors la guerre était allumée sur toutes les frontières et des révoltes avaient éclaté dans l'intérieur. Il fallait donc beaucoup de soldats qu'on se procura d'abord facilement par des volontaires réquisitionnés peu ou prou à leur gré.

Jeanneton SERAPHIN

Elle porte ici une sorte de dolman vert surmonté d'une gracieuse collerette, représentée à l'époque où son mari commandait le 53ème de ligne dans le Frioul italien.

La Savoie en fournit de suite un très grand nombre qui avaient même déserté leur pays pour cause de patriotisme, dit Doppet, en formant la Légion des Allobroges en août 1792.

D'autres bataillons s'organisèrent dès que la Convention eût proclamé, le 10 mars 1793, la patrie en danger et déclaré la levée en masse. Songeon, quoique marié, ne se fit pas prier d'y satisfaire, car dès le Ier mars, il entra comme soldat au 5ème bataillon des volontaires nationaux du Mont-Blanc et fut immédiatement député par le Directoire du département commissaire pour le complément des volontaires du district d'Annecy avec Déage (Joseph), de La Roche, ancien député de cette ville à l'Assemblé nationale des Allobroges, inscrit en tête des volontaires rochois au 3e bataillon. Ils y mirent un zèle tel que leurs lettres à la municipalité d'Ugine ne dissimulent pas la levée contrainte des prétendus volontaires. Ce nouveau corps comprenait 5 bataillons qui devaient avoir chacun un état-major et 9 compagnies. L'état-major comprenait comme officiers 2 lieutenants-colonels, dont un en chef et un en second, un adjudant-major et chaque compagnie avait 3 officiers pour un effectif de 123 hommes, officiers compris. En outre, chaque bataillon avait 2 pièces de quatre servies par 25 canonniers commandés par un lieutenant.
Tous ces bataillons reçurent l'uniforme de la garde nationale, habit bleu à revers et parements rouges, gilet blanc et culottes blanches, guêtres noires, ils étaient coiffés du casque des volontaires.

P. Courcelle
87

29

21

Armée des Alpes et d'Italie

Les bataillons se formèrent séparément, le 1er à Chambéry, le 2ème à Carouge, le 3ème à Annecy, le 4ème à Chambéry et le 5ème à Thonon, où il fut organisé le 9 juin 1793. Songeon y fut nommé à l'élection lieutenant-colonel en second quoiqu'il n'eut que 22 ans, parce qu'il avait déjà servi comme soldat. Il vint ensuite à Chambéry chercher son armement, qui se fit attendre, pour être ensuite envoyé à Nice dans l'armée d'Italie, sous les ordres du général Brunet. Après quelques semaines, on le rappela pour l'armée des Alpes et il dut séjourner à Gap plusieurs mois comme simple troupe de couverture et de garnison ; quand la série des revers essuyés en Espagne par l'armée des Pyrénées-Orientales obligea à lui envoyer des renforts pour lesquels il était bien préparé par son recrutement et ses habitudes montagnardes.

Armée des Pyrénées Orientales

Il convient de rappeler qu'après la mort de Louis XVI, la Convention vit partout des ennemis irréconciliables et déclara la guerre à l'Espagne le 7 mars 1793, après avoir refusé ses offres de neutralité. La nation espagnole soutint alors énergiquement le roi Charles IV par hostilité politique et religieuse contre la Révolution et mobilisa deux corps d'armée aux extrémités de l'est et de l'ouest des Pyrénées, décidée à prendre l'offensive sur le Roussillon. De son côté, le Comité de Salut public prescrivit la création de deux armées françaises, celle des Pyrénées occidentales et celle des Pyrénées orientales qui eut la première à repousser les assaillants avec des troupes peu nombreuses au début.

Pendant la campagne de 1793, les Espagnols, commandés par Ricardos, s'emparèrent de Bains, de Pratz de Mollo, de Bellegarde, de Villefranche, menaçant Perpignan, qu'ils auraient pu prendre avec plus d'audace, quand le général Dagobert, vieillard de 76 ans, remporta la victoire de Peyretortes. Battu à Truillas, il céda le commandement à d'Aoust qui, ayant échoué dans l'attaque du camp de Boulou, fut remplacé par Turreau ; celui-ci à son tour, après la malheureuse attaque de Céret, dut céder le commandement à Doppet, renvoyé de Toulon, mais incapable de prendre sa revanche aux Pyrénées. Il ne put en effet défendre le pont de Céret, ni le camp de Saint-Ferréol, ni la place de Villelongue, ni enfin le col de Banyuls, et après un dernier échec, il se fit transporter malade à Perpignan, avouant lui-même son incapacité.

Du 17 avril au 22 décembre, l'armée française avait changé sept fois de chef ; de 40,000 hommes elle était réduite à 25.000, et les Espagnols avaient gardé leurs positions après s'être rendus maîtres de Saint-Elme, de Port-Vendres et de Gollioure. Le Comité de Salut public était représenté par les conventionnels Cassaigne et Fabre qui prenaient part aux décisions des conseils de guerre et à leur exécution; c'est eux aussi, par leurs rapports, qui décidaient du maintien ou du changement des commandants en chef, intrusion bien regrettable que ne saurait faire excuser la mort héroïque du second sur le champ de bataille.

Au début de 1794. le général Dugommier, vainqueur à Toulon, vint prendre le commandement des troupes françaises cantonnées à Perpignan. C'était un militaire de grande valeur et il avait sous ses ordres Dagobert, Augereau, Perignon et Sauret. Il avait comme adversaire le comte de la Union, jouissant dans l'armée espagnole d'une réputation méritée. La division Dagobert, à demi-indépendante, occupait l'extrême droite à partir du Val d'Arran jusqu'au Mont libre, ancien Mont-Louis.

Le 5ème bataillon du Mont-Blanc arriva en mars pour prendre part à cette campagne : le 27 février, il était à Milhau et y subit une revue d'effectif, la montre d'autrefois ; l'état-major était au complet, sauf le quartier-maître retenu à Gap. Mais il n'y avait que 482 présents sur 1.067 : il ne pouvait aussi disposer que de 259 fusils en bon état. Le 10 mars il fut complété à 1.067 hommes par l'incorporation de 585 réquisitionnaires de l'Aveyron. Ainsi reconstitué, il fut envoyé à Puycerda, dans la Cerdagne, sous les ordres du général Dagobert et placé à la droite, général Charlet, posté à Tallendre-le-Haut, brigade Solbeauclair.

Le général DAGOBERT

Le 2 avril, cette brigade de 2.000 hommes reçut l'ordre de remonter les précipices de la Llosa pour se jeter à Viella sur la gauche des Espagnols, la balayer jusqu'à Lies et intercepter ensuite le chemin de la Seu d'Urgel au pont de Bart. Sans guides dans ce pays sauvage, sur des chemins ensevelis sous la neige, la marche fut des plus pénibles. Au col de Viella, 50 grenadiers, conduits par le commandant Songeon, prirent d'assaut la redoute espagnole, y firent 24 prisonniers, après avoir tué 30 hommes et rapportèrent une pièce de montagne. On s'empara de Viella et de Lies, et la colonne ne put arriver au pont de Bart que le lendemain.

Le 10 avril, elle se remit en marche sur le penchant de la berge droite de la Sègre et y retrouva Dagobert au débouché de la conque d'Urgel. Le 11, Urgel était pris, et la division se retirait sur Belver, chargée de butin.

Après la mort de Dagobert à Puycerda le 21 avril, le 5ème détaché de la Cerdagne dut aller renforcer la division Augereau, aile droite de l'armée de Dugommier. Elle était chargée de garder Oms et le pont de Céret pour attirer l'effort des Espagnols pendant que le centre devait s'emparer du camp du Boulou. Ce furent les Allobroges commandés par Dessaix, qui soutinrent l'assaut des Espagnols et qui, le troisième jour, s'emparèrent du pont, pendant que le 5ème prenait la ville. Ce fait d'armes, qui fit mettre la légion à l'ordre du jour et qui décima le corps, assura le succès du plan de Dugommier, en obligeant l'ennemi à rentrer sur son territoire. La déroute des Espagnols fut si complète qu'on l'a comparée à celle de Rosbach et la Convention excusa la témérité du général vainqueur qui s'était écarté du plan du Comité de Salut public. Les combats avaient duré quatre jours, du 28 avril au 1er mai.

La division Augereau fut chargée de diverses expéditions en territoire espagnol ; elle commença en mai à s'emparer de vive force de Saint-Laurent de-la-Mouga, qui lui livra une fonderie considérable et des fabriques de drap qui fournirent des vêtements aux troupes républicaines. Le 11 août, les Espagnols voulurent la reprendre et un combat s'engagea dans lequel fut fait prisonnier le duc de Crillon-Mahon (colonel des gardes wallonnes, qui pouvait être considéré comme émigré). Songeon reçut son épée et lui sauva la vie, car d'après les ordres de la Convention, il ne devait leur être fait aucun quartier.

Il prit part ensuite à la reprise de Bellegarde, qui exigea un blocus de 137 jours pendant lequel il mérita un certificat des officiers, sous-officiers et volontaires composant la force du camp de la Montagne, pour avoir combattu courageusement contre un incendie qui avait éclaté le 25 août dans son enceinte, fait sauter un magasin, tué deux hommes, blessé beaucoup d'autres et constituait d'autres dangers.

Son bataillon joua aussi son rôle dans les batailles de la Montagne noire, qui précédèrent la prise de Figuière et qui coulèrent la vie aux deux commandants en chef ennemis, Dugommier ayant été frappé à mort par un éclat d'obus et La Union par deux balles. Ils furent remplacés par Pérignon pour la France et par Urrutia pour l'Espagne.

Au commencement de 1795, le général français entreprit le siège de Roses, place forte adossée au golfe du même nom, qui fut abandonnée le 3 mars ; le 5ème bataillon y perdit du monde et vint ensuite manoeuvrer sur les bords de la Fluvia pour occuper les deux rives et rester maître de la route de Figuière à Gironne.

Les miquelets, dont les bandes formèrent plus tard les guérillas que nous retrouverons, devenaient des partisans de plus en plus intrépides par leur connaissance et leur habitude de la montagne ; aussi le général Augereau, pour se garantir de leurs attaques, devait se tenir constamment sur le qui-vive ; ils remportèrent divers succès, pour lesquels Pérignon dut céder son commandement à Schérer, à la fin d'avril. Le 24, les Français s'emparèrent de Bascara, petite ville de Catalogne qui commandait le passage de la Fluvia, mais toute l'armée, réunie le lendemain au nombre de 25.000 hommes, ne put forcer les Espagnols opposant en ligne 35.000 soldats, qui déployèrent la plus grande bravoure. Après cinq heures de combat, Français et Espagnols se décidèrent à regagner leurs camps respectifs et ce fut la première bataille de Bascara.

Le 26 mai, Schérer crut devoir recommencer sa tentative contre la ligne espagnole, mais l'échec fut le même : dans cette journée, Songeon reçut un coup de feu à la cuisse gauche.

Le 14 juin, dans un engagement aux Moulins, sur la Fluvia, le 5ème bataillon chargea l'ennemi avec tant de vigueur qu'il perdit son drapeau ; le commandant Songeon ayant pu rallier ses volontaires parvint à le reprendre, non sans pertes sérieuses.

Dès cette époque, des projets de paix étaient en instance puisqu'elle ne tarda pas à être signée à Bàle, le 22 juillet ; aussi, dès le 27 juin, Songeon rentrait en France avec le 5ème bataillon amalgamé à la 15ème demi-brigade provisoire (la 15ème demi-brigade provisoire, créée à défaut de la 15ème demi-brigade de bataille qui n'exista pas, disparut elle-même en 1796, par amalgame avec la 11ème demi-brigade : elle n'avait duré que quelques mois).

Ainsi se termina, écrit Dessaix dans ses notes, cette guerre pénible pendant laquelle l'armée s'est trouvée sans solde, réduite à la demi-ration et dans le dénuement ; elle supporta toutes ces privations sans se plaindre en donnant journellement des preuves de son grand courage et de son dévouement à la patrie. Nous ajouterons qu'elle n'était, ni justifiée ni profitable à aucun point de vue.

Songeon ne devait pas s'attendre à revenir en Espagne 15 ans après. Au moment de la dislocation, au bivouac d'Avignonet, bourg du département de la Haute-Garonne, situé sur le canal du Midi, près de Yillefranche. les membres du Conseil d'administration du 5ème bataillon lui donnèrent en qualité de chef de bataillon un certificat de conduite pour s'être distingué par son courage et ses talents militaires, ayant été blessé le 7 prairial et pour avoir constamment professé les sentiments d'un vertueux citoyen et zélé défenseur de la République.

Il revint en congé en Savoie, et le 1er mars 1796 il était père d'un second fils, Jean-Louis, né à La Roche.

CHAPITRE III

Armée d'Italie
(11ème et 14ème demi-brigade de ligne).
Armée de Rome.
Armée de Naples, occupation de Rome
(état-major).
19ème demi-brigade, 28ème régiment.
(1796-1801).

Au commencement d'avril 1796, le commandant Songeon reprit son service comme chef du 3ème bataillon de la 15ème demi-brigade à l'armée des Alpes et d'Italie, sous les ordres de Kellermann, devant opérer contre les Austro-Sardes, en vue surtout d'empêcher leur invasion de nos frontières par un système défensif. Avant de se rompre, le Conseil d'administration du corps, versé dans la 11ème, lui donna aussi, à Saint-Marlin-de-Lantosque (sur la Vésubie, dans le département des Alpes-Maritimes, tout près de la frontière italienne), un certificat comme quoi il avait mérité l'estime de ses supérieurs, ainsi que la confiance et l'amitié de ses camarades.

Cet amalgame amenait à la 11ème une quinzaine d'anciens bataillons affaiblis : les cadres devenant excessifs, le plus grand nombre des officiers furent mis à la suite ; les uns restèrent au corps comme surnuméraires et les autres, dont un certain nombre de Savoisiens, préférèrent abandonner un service où l'avancement serait suspendu. Songeon tint à garder son épée et se fit nommer chef de bataillon chargé des détails de comptabilité, police et discipline de la division de gauche placée sous les ordres du général Pierre Garnier et le commandement en chef de Bonaparte récemment arrivé.

Cet emploi le classait dans l'état-major, bien qu'il n'y fut pas spécialement préparé ; mais il résultait des circonstances et, à cette époque d'ailleurs, cet important service pour lequel il n'existait aucun guide, se recrutait pour ainsi dire au hasard. Il parut si bien s'y adapter que son chef lui décerna des éloges et le redemanda plus tard à Naples. Dans le cours de sa carrière, il y fut souvent affecté, peut-être moins pour sa science militaire que pour son art équestre qu'il sut utiliser plus tard et pour ses aptitudes polyglottes. Cette division eut à traverser le col de Tende pour se rendre à Coni. On ne sait pas assez combien ce début de la campagne, au milieu de privations et sans l'enthousiasme de brillants succès, fut une école austère pour la patience et le courage des officiers et des soldats. Les officiers supérieurs étaient à pied, le sac au dos, comme ceux des compagnies : la plupart des généraux eux-mêmes n'étaient pas toujours montés. Les partisans terribles étaient les Barbets, habitants des campagnes occupées que l'histoire représente comme des assassins et des voleurs, faisant plus de mal que les troupes régulières. Les isolés, les détachements trop faibles. Les convois insuffisamment escortés leur échappaient rarement : la vigilance devait surtout s'exercer sur les derrières au détriment des avant-postes. Familiarisés aux mêmes genres de fatigues et de périls, les soldats des Alpes et des Pyrénées, rassemblés, furent liés de suite par une grande confraternité ; le renfort venant d'Espagne comprenait 12.000 hommes amenés par le général Augereau.

Le Directoire, qui avait succédé à la Convention le 27 octobre 1795, avait fait la paix avec la Prusse et avec l'Espagne, mais il avait encore à combattre l'Autriche, l'Angleterre, la Sardaigne, le pape et le roi de Naples ligués contre lui. Il disposait de trois armées principales : celle de Sambre-et-Meuse ; celle de Rhin et Moselle, et celle d'Italie où il venait d'envoyer Bonaparte, ayant sous ses ordres l'indomptable Masséna, le brave Augereau, le courageux et méthodique Serrurier, enfin Berthier, distingué par son savoir géographique et son habileté dans l'exécution des ordres reçus. Leur chef n'avait que 26 ans, mais sa renommée récente motivait son choix bientôt justifié par ses traits de génie.

Avec 30.000 hommes manquant de tout, mais exaltés par le courage et le patriotisme, il avait devant lui, depuis Savone jusqu'à Ormea, 90.000 coalisés à sa droite et à sa gauche, entre lesquels il réussit à passer pour les anéantir séparément. Après Loano, Millesimo et Mondovi, l'armée sarde séparée fut obligée de se soumettre par le traité de Paris du 15 mai 1796, qui céda la Savoie à la France.

La 11ème demi-brigade, passée successivement dans les divisions Serrurier et Masséna, faisait route vers l'Adige, pendant que Napoléon, vainqueur à Lodi, lançait, à Milan sa fameuse proclamation, se terminant par ces mots : « Il était de l'armée d'Italie ».

Songeon arriva à temps pour prendre part aux batailles de Lonato et de Castiglione les 3 et 5 août 1796, qui obligèrent Wùrmser à regagner le Tyrol et permirent de reprendre le siège de Mantoue. Il y reçut une contusion au côté droit non considérée comme blessure.

La 11ème exécute ensuite diverses expéditions dans le Tyrol, à la Pietra, où elle perd le lieutenant Chesney de Sallanches. Elle prend part ensuite au siège de Mantoue, obligée de capituler après les victoires d'Aréole, de Rivoli et de la Favorite, qui déterminèrent l'Autriche à conclure l'armistice de Léoben le 18 avril 1797.

Ainsi finit cette campagne, une des plus belles des temps modernes. Son éclat prodigieux fut dû à la rencontre d'un général de génie et d'une armée intelligente, dans ses officiers comme dans ses soldats, encore bien que mal servie par les ordres du Directoire, que son chef dut enfreindre à propos.

Le traité de Campo-Formio, signé le 30 novembre 1797, abandonnait à la France la Belgique, les limites du Rhin et des Alpes, les îles Ioniennes et la reconnaissance de la République Cisalpine.

À la fin de juillet, les postes de ligne défensive et la ligne de retraite étaient perdus. « Contre toutes les forces réunies, l'armée française ne pouvait rien, mais contre chacun des corps Isolés, il y avait égalité en se décidant sur le champ ». Bonaparte abandonne le siège de Mantoue ; la tranchée, les ouvrages, 200 pièces d'artillerie qu'on encloue ; on brûle les affûts, on noie les poudres, le général Serrurier vient rejoindre l'armée active qui marche sur le corps autrichien de Salo et Brescia et l'anéantit à Lonato. Wùrmser entrait triomphalement à Mantoue, tandis que son lieutenant succombait.

Il vient, à son tour à Castiglione rallier les fuyards avec 45.000 hommes de renfort. Le 5 août, l'armée française y livre la bataille décisive et victorieuse qui oblige Wûrmser à regagner le Tyrol ; les Français reprennent leurs anciennes positions et rétablissent le blocus de Mantoue, Augereau reçut le titre de duc de Castiglione.

La fête triomphale célébrée à Paris pour sa remise au Directoire, eut comme principal épisode la présentation du drapeau de l'armée d'Italie où on lisait en lettres d'or l'inscription qui rappelait qu'en dixhuit mois, cette armée a fait 15o.ooo prisonniers ; elle a pris 170 drapeaux, 555 pièces d'artillerie de siège, 600 pièces de campagne, triomphé en dixhuit batailles rangées et livré 67 combats.

La 11ème resta en Italie, occupant Bassano ; elle reçut un drapeau neuf qui portait en lettres d'or Castiglione et Lonato, mais Songeon la quitta en décembre 1797 à Padoue pour prendre provisoirement à Coni et à Ferrare le commandement du 1er bataillon de la 14ème demi-brigade (Son passage au 14ème n'est pas non plus indiqué dans les Fastes de ce régiment par le chef de bataillon Dupré) ; il y retrouva comme chef le colonel Moreau Jean-Claude, d'origine lyonnaise, qui avait commandé le 4e bataillon du Mont-Blanc. Il servit pendant les derniers mois comme officier d'ordonnance du général Joubert (cet emploi lui est donné par les Fastes de la Légion d'honneur, mais aucune pièce officielle ne nous en a donné confirmation ; ce fut sans doute pour un délai de quelques semaines seulement), commandant en chef en Lombardie et en Piémont et fut appelé le 26 janvier 1799 par le général en chef Championnet au commandement du quartier général de Naples et chargé de la police et de la discipline de l'arrondissement de cette armée depuis Caserte jusqu'à Rome.

C'était au lendemain de la prise de Naples par l'armée de Rome, qui reçut le titre d'armée de Naples et de la création de la République Parthénopéenne ; le général en chef s'empressait d'organiser son gouvernement sous la tutelle de l'autorité militaire ; mal lui en prit vis-à-vis du Directoire qui semblait avoir le pressentiment de sa chute prochaine et qui craignait encore plus l'indépendance de ses généraux que les révoltes des peuples. On lui reprochait aussi son intégrité entre les commissaires civils exacteurs que le gouvernement favorisait au contraire, et pour ces motifs, après lui avoir retiré son commandement le i3 février 1799, on ordonna qu'il serait mis en état d'arrestation et traduit devant un conseil de guerre. On sait qu'il se soumit sans résistance et qu'il fut acquitté et rendu à ses fonctions. On lui donna pour successeur le général Macdonald, son subordonné et mal avec lui, qui établit son quartier général à Caserte. Son commandement comprenait non seulement la République Parthénopéenne, mais encore la République Romaine, créée le 15 février 1798, et la Toscane : c'était beaucoup dans un pays où les communications étaient peu sûres et où il n'y avait ni gouvernement, ni administration, ni finances. L'insurrection était déjà aux portes de Naples, qui avait livré aux Anglais la tour de Castellamare, et l'on avait confié le 5 mars à Songeon le commandement du fort des Carmes, situé dans le golfe de Naples ; il dut l'abandonner quand Macdonald eut décidé de rejoindre l'armée d'Italie pour lutter avec Schérer contre les forces austro-russes commandées par Souwarof et Mêlas. Il fut convenu qu'on abandonnerait les Etats de Naples et de Rome en n'y conservant que des forteresses approvisionnées, telles que Naples, Capoue, Gaëte, le fort Saint-Ange à Rome, Civila-Vecchia et Ancone.

Pendant l'évacuation, Songeon reçut le 9 mai 1799 l'ordre de diriger, à partir de Capoue, la police et les étapes du quartier général et de continuer avec lui jusqu'à Rome. Il eut ainsi à surveiller avec les logements, les convois qui emmenaient en Toscane les gros bagages et impedimenta avec les objets d'art que le Directoire avait fait enlever, d'abord pour les musées et pour le partage entre les généraux et officiers supérieurs, au prorata des grades. Nous ignorons quelle fut sa part, et s'il fut plus heureux que le commandant en chef qui perdit dans celte retraite, d'après ses mémoires, pour environ 3oo.ooo francs. L'armée eut à combattre contre les Napolitains insurgés, notamment à Imola qui, après assaut, fut mise au pillage et livrée aux flammes par les soldats malgré les officiers. Le quartier général arriva à Rome le i3 mai et le surplus de l'armée le 16 et le 17. Le 16 mai, Songeon fut nommé aide de camp du général P. Garnier qui restait chargé de commander la division laissée à Rome et avec lequel il avait déjà servi. C'était un Marseillais, ancien architecte et géomètre, officier de fortune, nommé général de division après un an de services au siège de Toulon, où il avait eu sous ses ordres Bonaparte qui lui avait déjà témoigné sa rancune, parce qu'il avait sévi contre son camarade Meuiron ; et qui le fit mettre en réforme dès son retour d'Egypte. Son état-major ne comprenait qu'un chef de bataillon Advinay, peu recommandable, puisqu'il fut exclu du conseil de guerre à l'unanimité, et son aide de camp avec lequel il sympathisait au mieux. Celui-ci joua donc un grand rôle pendant cette occupation, bien qu'on n'en ait jamais parlé. Il assista à tous les combats qu'il fallut livrer à Frescati, à Monterotondo, à CivitaVecchia, et fut chargé de traiter seul avec le commodore anglais pour l'abandon. Il en rédigea le Journal Historique, dont l'extrait adiré aux archives de la guerre serait insuffisant, s'il ne l'avait pas fait imprimer à très petit nombre d'exemplaires.

On sait que la République Romaine avait été proclamée sur la place du Capitole par quelques ambitieux exaltés le II février 1798, après l'assassinat du général Duphot et l'envahissement du palais de l'ambassadeur Joseph Bonaparte. Le pape Pie VI, obligé de quitter Rome, avait été exilé à Valence où il mourut le 29 août 1799 ; le collège des cardinaux était aussi exilé ou dispersé. Le gouvernement était représenté par 7 consuls désignés par le général Berlhier, protecteur qui avait aussi nommé les 21 membres du corps municipal.

Le protecteur s'était empressé de partir après leur installation et le Directoire était représenté par un ambassadeur, l'ancien abbé Berlholio, entièrement incapable et inerte. Le ministre des affaires étrangères, Talleyrand, s'obstinait lui-même à ne pas répondre et le commandant en chef Macdonald appelé en hâte en Toscane écrivait plus tard dans ses Mémoires : « Je quittai Rome après avoir encouragé les autorités françaises et celles de la République à montrer la plus grande fermeté dans ces moments calamiteux. J'y laissai une garnison faible à la vérité, réunie à quelques troupes romaines sur lesquelles je ne comptais pas beaucoup, surtout en cas de revers ».

Il semble que Rome, par la majesté de ses souvenirs, ait exercé, sur ses conquérants de passage, la crainte des imprécations, suite d'ariatbèmes païens et chrétiens qui les empêchaient d'y séjourner ; témoin encore Napoléon qui évita d'y paraître en grande pompe, comme il le lit à Turin, à Milan, à Vienne, à Madrid et à Berlin.

La République Romaine était donc bien fragile et subordonnée au succès des armées françaises qui combattaient en Italie. Encouragée par les alliés, y compris les Napolitains déjà relevés par la croisade du Cardinal Ruffo, aidés par des transfuges, tels que le général Lahoz, trop tardivement démasqué, l'insurrection gagnait de proche en proche dans les campagnes voisines, « collectos armât agrestes », écrit Songeon dans son journal. La ville seule offrait encore une apparente tranquillité, mais les craintes justifiées du commandant ne pouvaient échapper à son aide de camp qui les â consignées au fur et à mesure dans son journal, motif qui a dû contribuer à le mettre dans l'ombre. C'est cependant, et pour cela même, un ouvrage précieux que l'étude critique a eu tort de ne pas plutôt signaler. Il rentre dans la classe des Mémoires écrits en même temps que les événements et révèle incontestablement son auteur plus enclin à manier l'épée que la plume. Je ne le citerai pas pour son mérite littéraire, bien qu'il soit bondé de citations latines qui rappellent l'élève Joséphiste. Il est empreint d'une grande fierté et de justes appréciations des personnes citées, et l'on doit en conclure qu'il s'acquitta bien de sa tache ingrate de négocier avec les Anglais, maîtres de Civita-Vecchia. Quand l'armée de Rome dut capituler, elle était réduite à 1.5oo hommes en état d'agir contre toutes les forces alliées qui allaient l'attaquer, et à supposer qu'elle pût s'échapper sur Ancône, elle abandonnait à la merci des vainqueurs tous ceux qui ne pouvaient la suivre. Afronte, a tergo, a laterïbus capta erat.

Songeon, chargé des conférences avec les Anglais, savait bien avec quelle mauvaise foi ils avaient agi à Naples ; aussi n'a-t-il pas caché les défiances légitimes qu'ils lui inspiraient sur l'exécution des clauses de reddition, et s'entoura-t-il de sages précautions à imposer pour ne pas abandonner les patriotes romains dans la ville reconquise.

La reddition fut consentie par le commodore Troubridge au nom de l'amiral Nelson, avec tous les honneurs de la guerre pour les troupes françaises, italiennes ou polonaises déclarées non prisonnières de guerre et devant être transportées en France. Les Romains qui voulurent s'embarquer en eurent le droit, ils furent au nombre de 851 ; et bien ils firent, car après l'entrée des Napolitains, on massacra deux consuls et bon nombre des anciens partisans français. Cette vigilance n'a pas été signalée comme elle le méritait.

L'embarquement comprit 4.439 hommes et eut lieu le 16 octobre 1799 ; en mer, les Anglais, violant la convention, motivèrent une protestation du général Garnier à lord Nelson et l'arrivée eut lieu à Marseille le 21 octobre.

Le Minisire de la Guerre Alexandre Berlhier transmit au Premier Consul la justification dugénéral qui fut accueillie, malgré une lâche protestation du major Advinay, celui qui avait été chassé du conseil de guerre et qui reprochait par surcroît dé ne pas avoir augmenté lariche collection d'objets d'art déjà rasseinMée dans les musées de la République et laissée aux Anglais.

Songeon était à l'hôpital de Marseille lorsque se produisit le 18 brumaire ; c'est pendant sa quarantaine qu'il écrivit son journal d'où il résulte très expressément que les 17, 18 et 19 juin, il était bien à Rome et ne put par conséquent assister à la bataille de la Trebia ; c'est donc à tort qu'on l'y a fait figurer (pendant ces trois jours, sur les rives de la Trebia, 30.000 Français composant l'armée de Macdonald soutinrent le choc de 50.000 Austro-Russes, commandés par Souvarov, mais après ses pertes énormes elle dut battre en retraite.)

Après un congé en Savoie en janvier 1800, il fût rappelé par le général Garnier nommé à Nice et continua de lui servir d'aide de camp jusqu'à sa mise eh reforme en avril 1801, époque à laquelle il fut lui-même mis à la suite faute d'emploi, malgré le certificat très élpgieux de son chef qui proposait de le classer sur sa demande dans un régiment de cavalerie. Autorisé à aller habiter Versailles, il ne tarda pas être replacé par le Premier Consul en qualité de commandant chargé, à partir du 2 août 1801, de la comptabilité, administration et police de la 19ème demi-brigade en résidence à Lille. Le 25 mai i803 il obtint son brevet de chef de bataillon titulaire au 19ème régiment, signé par Bonaparte à Saint-Cloud, sur un parchemin illustré de la belle vignette de Roger. Ce corps revenait d'Egypte et fut inspecté en juillet par le Premier Consul. Par un nouveau témoignage de confiance et satisfaction pour ses services, le 22 décembre 1803, il était nommé major au 28ème régiment à Boulogne, à la suite du voyage de Bonaparte dans cette place où il revint en janvier, juillet, août 1804, préparer, avec l'élan unanime de la France, son projet de concentration de 160.000 soldats pour la conquête de l'Angleterre. Songeon y gagna d'être nommé le 25 mars chevalier de la Légion d'honneur.

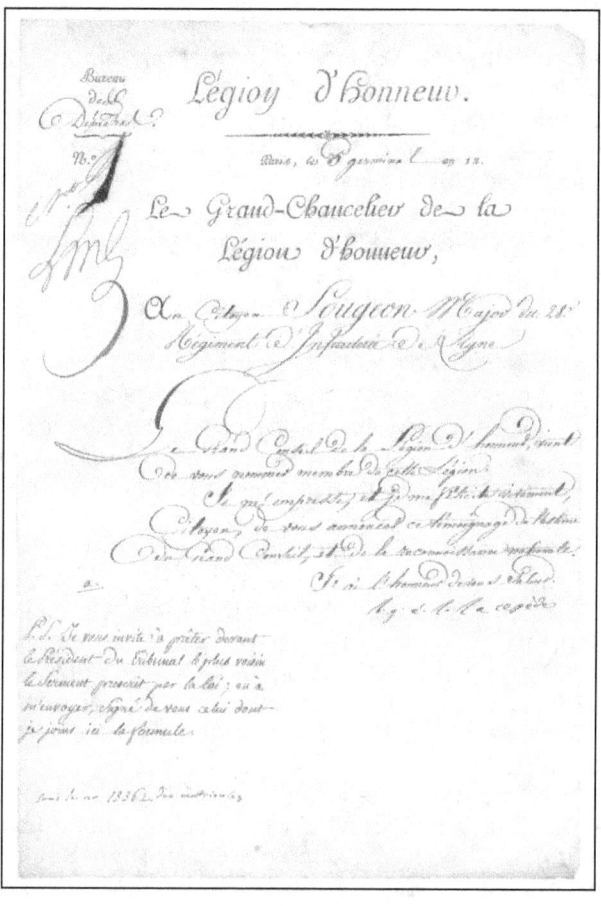

CHAPITRE IV

Armée d'Italie ; armée d'Allemagne ; armée de Brabant ; Etat-major.
(1805-1810)

L'Empire venait d'être proclamé, quand un décret du 12 février 18o5 le nomma colonel du 53ᵉᵐᵉ régiment de ligne à Rimini, en Italie, où il devait se rendre sans délai, car déjà se préparait le couronnement à Milan de l'Empereur-Roi d'Italie. Il exerça quatre ans ce commandement et ce fut certainement la partie la plus heureuse de sa carrière par les séjours agréables qu'il y occupa en pays soumis, sa femme l'y ayant rejoint, et par les faits d'armes presque tous victorieux auxquels il prit part. Il eut toutefois, au début, le mécompte désagréable d'apprendre du chef d'étal-major du quartier général que, quoique Sa Majesté lui ait accordé le grade d'officier de la Légion d'honneur, comme tous les emplois sont remplis et qu'il ne peut nommer que lorsqu'il y a emploi vacant, il est obligé de suspendre, jusqu'à nouvel ordre, les effets de sa bonne volonté à votre égard. (Lettre du général Charpentier du 20 juin 1805.) Il dut attendre jusqu'en 1831.

L'EMPEREUR
DES FRANCAIS
AU 53ᵉ REGIMENT
D'INFANTERIE
DE LIGNE

De Rimini le régiment fut envoyé à Côme en juin 1805 et son ami Teulié, commandant la division italienne en France et qui avait fait avec lui la campagne de Rome, le félicitait de cette bonne garnison et le recommandait aux personnages influents ; mais déjà par l'effet des intrigues de l'Angleterre et des mouvements militaires de l'Autriche dans le Tyrol et sur les bords de l'Adige, Napoléon, peu confiant, ne voulait pas se laisser surprendre et songeait à parer le coup qu'on voulait lui porter à l'improviste. Les troupes furent rapprochées du territoire menacé et le 53ème vint séjourner à Palmanova. La guerre fut considérée comme déclarée par l'Autriche en septembre 1805, et Napoléon alla en personne commander la grande armée d'Allemagne, après avoir confié au général Masséna le commandement de l'armée d'Italie, comprenant 5 divisions d'infanterie, dont celle du général Seras où figurait le 53ème.

JEAN-MATHIEU SERAS,

Elle fut placée à l'aile gauche et prit part à toutes les opérations contre les Autrichiens de l'archiduc Charles à partir du 18 octobre. L'armée d'Italie devait subordonner ses mouvements à ceux de la grande armée d'Allemagne, dont elle pouvait être considérée comme l'aile droite. Elle franchit l'Adige le 28 octobre et livra le 30 la bataille de Caldiero, qui fut gagnée grâce à l'enlèvement par le 53ème des hauteurs de Colognola hérissées de fortifications et de redoutes. L'archiduc dût battre en retraite sur Vienne, après avoir perdu 3.5oo prisonniers, 3o pièces de canon et des morts en nombre assez considérable pour solliciter une trêve afin de les enterrer. La France eut 1.5oo hommes hors de combat.

Le 6 novembre, la division Seras occupa Bassano et le 12 Valvasone pour y couper le passage du Tagliamento, mais l'ennemi put l'effectuer grâce à la supériorité de son artillerie et pendant la nuit gagna Palmanova qu'il ne chercha même pas à défendre. Les Français y entrèrent le lendemain 13, et le 20 ils étaient sur l'Isonzo occupant Gradisca et menaçant Goritz pendant que les Autrichiens cherchaient à gagner Laybach. Le 20 novembre, la division Seras fut détachée sur Trieste et prit possession de celle ville et du port, après quoi elle suivit en partie l'armée dans la Carniole jusqu'à Laybach où elle dut s'arrêter à la fin de novembre.

L'armistice d'Austerlitz qui suivit la victoire du 2 décembre arrêta sa marche en avant, sans qu'elle ait pu y assister.

Le 53ème revint en Italie, après avoir fait toute la campagne de ce nom, et après avoir été vaillamment entraîné par son colonel qui, le premier jour, avait eu un cheval tué sous lui aux environs de Vérone. Il reprit possession de Trieste, et le 8 décembre 1805 son colonel Songeon assistait, au nom de l'Empire, comme représentant du général Seras, à l'installation solennelle du gouvernement provisoire de la province d'Istrie, qui eut lieu à Capo d'Istria en présence du peuple assemblé. Il leur fit une exhortation sur la place publique à la subordination et à l'observance des lois. Introduit ensuite dans le palais du gouvernement, le président et les autres membres prêtèrent entre ses mains le serment d'agir chacun dans son office avec loyauté, honneur et probité et d'obéir aux lois et aux commandements du gouvernement français pour la meilleure prospérité de la province.

Le traité de Presbourg du 26 décembre 1805 reconnut l'Empereur comme Roi d'Italie et la cession à ce royaume des Etats vénitiens et créa un instant de répit qui amena quelques changements de garnison. Le 53ème fut envoyé à Padoue par ordre du Vice-Roi en février et par lettre officielle le général Seras, de son quartier général de Palmanova, exprima tous ses regrets de cette séparation au colonel et à ses officiers, comme au corps.

EMPIRE FRANÇAIS

Au Quartier général, à **Palmanuova**
ce 3 février 1806.

Seras, Général de Division
à M^r le Colonel Songeon, comm^t le 53e régiment de ligne.

Je vous ai fait remettre, mon cher Colonel, l'ordre de départ de votre Régiment pour Padoue, conform^t aux intentions de S. A. I. le Prince Eugène Napoléon de France.

J'avais trop de plaisir, mon cher Colonel, à compter votre régiment dans le nombre de ceux qui composaient ma division pour ne pas voir avec peine que vous n'allez plus en faire partie, je vous prie de croire aux regrets que j'en éprouve et je vous charge de les exprimer à Messieurs les Officiers supérieurs et Officiers de votre Régiment. Soyez aussi mon interprète auprès d'eux pour leur témoigner combien j'ai été satisfait de la bonne conduite du Régiment, de son zèle pour le service et de la manière distinguée avec laquelle ont servi MM. les Officiers ; assurez-les de ma part que j'éprouverai un vrai plaisir si les circonstances me permettent de leur donner des preuves de l'estime que j'ai conçue pour eux et vous particulièrement, mon cher Colonel, comptez entièrement sur le sincère attachement que je vous porte et soyez assuré que je n'oublierai jamais la conduite que vous avez tenue pendant tout le tems que vous avez été sous mes ordres.

J'ai l'honneur de vous saluer avec considération et attachement.

SERAS.

En juillet 1806, le régiment eut l'occasion de passer à Venise où, dans l'île de Lido, après des exercices admirables, dit un journal italien, le brave colonel Songeon eut l'extrême amabilité mondaine d'offrir de somptueux rafraîchissements aux nombreuses personnes invitées et de terminer la soirée par un bal des plus brillants. En mai 1807, le 53ème régiment était rentré à Palmanova, car le colonel reçut avis du chef d'état-major Charpentier de l'armée d'Italie à Milan, que le Vice-Roi lui avait alloué une gratification extraordinaire de 1.200 francs. Il ne parait pas d'ailleurs, ni dans ses états de service officiels, ni dans ses papiers personnels, qu'il ait suivi un détachement du 53ème qui aurait assisté soit à la bataille d'Eylau, soit au siège de Dantzig. Son retour fut fêté par une représentation théâtrale à Gradisca (Ville du Frioul, sur l'Isonzo et près du golfe de Trieste, voisine de Palmanova, 3.000 habitants. Elle était aussi fortifiée, et le 10 mars 1798 Bonaparte l'avait fait investir par Bernadotte, et Serrurier la prit d'assaut ; rattachée aux provinces illyriennes) comprenant une cantate en italien, mise en musique par le maestro Marzona, dans laquelle on chante son affabilité, son courage et les charmes de son union.

La fin de l'année fut signalée par la revue à Palmanova, le 10 décembre, des troupes de la division Seras par l'Empereur. Elle laissa une grande impression sur Songeon, qui en fit faire un tableau, vendu après sa mort, dans des conditions très sujettes à critique, on ne sait à qui, ni par qui ; mais dont j'ai pu trouver un cliché photographique à Bourgoin. La peinture est fort médiocre, mais c'est un document très précis sur cet événement, constaté par un buste du souverain avec dédicace et par la vue du camp de Gradisca, à proximité du golfe de Trieste, ainsi que par le portrait et le costume du colonel inspirateur.

Il est intéressant de remarquer le port de l'uniforme blanc, selon le décret du 24 juillet 1806, abandonné en octobre 1807 après les constatations de l'Empereur à Eylau. Par ce décret, le 53ème devait avoir les boutons blancs, les revers, parements et collet roses, les poches en long.

Le souvenir de Napoléon est encore très vivace dans la Dalmatie, l'Istrie, la Carniole et la Garinthie qu'il dota en quelques années de routes admirables.

On sait que pendant ce voyage où Napoléon séjourna à Venise, il entretint beaucoup de rapports avec le divan de Constantinople pour l'encourager à la résistance aux Russes ; il avait fait étudier divers itinéraires sur Constantinople, de Milan, de Raguse (l'itinéraire de Constantinople à Raguse, rédigé par le général de brigade Haxo, a été publié dans le carnet de la Sabretache en 1913) et de Spalatro, dont le colonel du 53ème reçut des copies qui évoqueraient aujourd'hui des souvenirs de rétrospective information, combien désuète.

En 1808, se produisit un incident qui aurait pu lui être contraire, mais qui servit à démontrer l'énergique activité de son commandement. Huit officiers furent admis à la solde de retraite par décret du 9 février sur sa proposition. Sur une plainte émanant de quelques-uns, une enquête dut avoir lieu et fut confiée par l'Empereur même à S. A. le Vice-Roi d'Italie dont le rapport conclua que la plainte était dénuée de fondement et que la retraite était motivée par leurs infirmités. Le dossier transmis à Paris alla rejoindre à Bayonne Napoléon qui, de sa main, inscrivit le 1er juin, en marge : « Renvoyé au ministère de la Guerre pour faire punir les officiers. N. B. » — Cette pièce, contresignée par le général de division commandant le 2ème corps Baraguay d'Hilliers et par le prince Vice-Roi, figure dans son carton aux archives historiques^de la Guerre.

Deux années de trêve, c'était rare à cette époque, aussi 1809 vit éclater un nouvel orage. L'Autriche qui dévorait l'humiliation du traité de Presbourg, séduite d'ailleurs par les offres de l'Angleterre, déclara de nouveau la guerre avec ses corps d'armée commandés par l'archiduc Charles, généralissime, dont 2 corps commandés par l'archiduc Jean, autre frère de l'Empereur, devaient opérer en Italie. Le commencement des hostilités eut lieu le 10 avril.

Napoléon avait confié au Vice-Roi le corps d'armée formé des troupes d'occupation de l'Italie, qui comprenait le 53ème régiment dans la division Seras et 3 autres divisions. Le général Macdonald, inactif, avait été appelé à le seconder, mais il ne put arriver que deux jours après la première bataille qui eut lieu à Sacile le 16 avril et qui ne fut pas heureuse, mais dont les suites furent promptement conjurées par les conseils du nouvel arrivé et par les succès de l'armée d'Allemagne. Ce fut la division Seras qui commença l'attaque et qui parvint à occuper Porcia, mais assaillie pendant plus de 9 heures par des forces doubles, elle dut à la nuit rétrograder. Du 16 avril au 26 mai, l'armée française poursuivit victorieusement la retraite des Autrichiens pour rejoindre, dans l'île de Lobau, l'armée d'Allemagne. Le 6 juillet elle assistait à la bataille de Wagram, où le 53ème prit une part des plus glorieuses et vit tomber à sa tête le colonel Joannès qui le commandait depuis quelques mois.

Au début en effet de la campagne, le 27 mars 1809, l'Empereur avait nommé le colonel Songeon adjudant-commandant (l'adjudant-commandant ou adjudant-général était un grade créé en 1790, intermédiaire entre celui de général de brigade et de colonel ; plus tard, ils furent classés comme colonels d'état-major) à l'armée d'Allemagne, avec ordre de partir sans délai pour se rendre à Strasbourg à la disposition du prince de Neufchatel, major-général ; mais, avant son départ, et après la bataille de Sacile où il assista, un contre-ordre du ViceRoi lui enjoignait de partir sur le champ en poste pour prendre le commandement supérieur de la forteresse de la Rocca d'Anfo (forteresse de la province de Brescia, sur une montagne isolée qui domine le lac d'Iseo, pour protéger contre le Tyrol ; le commandant Haxo en avait, amélioré la défense. Anfo, qui est aux pieds, est un village de 1.065 habitants ; Dessaix, colonel du 27ème léger, ancienne légion allobroge, s'en était emparé le 5 août 1796). Il s'y conforma d'urgence le 19 ou 20 avril et n'eut qu'à se tenir sur la défensive sans être attaqué. Un incident se produisit toutefois entre lui et le lieutenant-colonel Christian de Leiningen qui commandait la masse du Tyrol à Trente, au service autrichien. Cet ennemi peu chevaleresque sachant que trois de ses protégés avaient été faits prisonniers, adjurait le commandant français de s'abstenir de toute insulte vis-à-vis d'eux et menaçait que s'ils étaient mis à mort, il ferait fusiller 8 officiers français qui étaient ses prisonniers.

Le 23 août 1809, Songeon fut invité par le général Fiorella, commandant, la 1ère division, à remettre son commandement pour se rendre à Brescia en congé de maladie et y attendre les ordres du ministre de la guerre.

Quelques jours avant d'être relevé, le 15 août 1809, il avait été nommé chevalier de l'Empire avec une dotation de 2.000 fr. sur Erfurt. Son brevet lui fut délivré le 30 octobre 1810 avec approbation de ses armoiries : ce fut surtout à l'étranger qu'il s'octroya la particule. Un mois plus tard, le 20 septembre, une lettre du prince de Neufchatel donnée à Sehoenbrunn l'affectait comme adjudant-commandant à l'état-major du 4ème corps d'armée d'Allemagne, avec ordre de se rendre à Znaim à la disposition du maréchal duc de Rivoli.

On sait en effet qu'après la sanglante journée de Wagram, l'armée autrichienne se retira par la route de Znaim, poursuivie par Masséna promu maréchal, qui atteignit cette ville le 11 juillet. Le combat, commencé dans la matinée, fut interrompu par un armistice qui ne devait durer qu'un mois, mais qui fut prorogé jusqu'au traité de Vienne du 14 octobre 1809. Le corps du maréchal Masséna duc de Rivoli, nommé récemment prince d'Essling, devait occuper le cercle de Znaim ; ce fut là que Songeon dut le rejoindre pour un bien court séjour, puisqu'après la paix il fut envoyé avec son corps, sous les ordres du duc de Reggio, en Hollande, où les Anglais venaient, sous la direction de lord Chatam, d'évacuer l'île de Walcheren, après avoir détruit le port de Flessingue. Demandé par le général Dallemagne sans succès, il reçut, à Bois-le-Duc, au quartier général de l'armée du Brabant, un emploi provisoire d'adjudant-commandant près du général Salme, commandant les troupes qui occupaient Dordrecht et l'île de Woorn. Il fut détaché comme commandant supérieur de cette île (située à l'embouchure de la Meuse, dans la Hollande méridionale. Helvoet, son chef-lieu, est un port fortifié qui servait d'amirauté à Rotterdam. Les Français s'en emparèrent contre les Anglais le 22 janvier 1795 et y délivrèrent 600 prisonniers. Beaucoup de navires s'y arrêtent, allant aux Indes), le 24 mars 1810, à Helvoët-Sluys. Ses instructions se réduisaient à entretenir la discipline parmi les troupes, à protéger les habitants contre toute vexation, à se concerter avec le commandant des troupes hollandaises pour le service à faire, enfin à établir une grande surveillance sur la côte pour éviter toute surprise ; la municipalité lui devait le logement.

Dès le 15 avril, en vertu du traité conclu avec la Hollande, il était rappelé à Bois-le-Duc, l'île de Woorn et Dordrecht étant restitués au Roi ; toutefois, un certain nombre de troupes françaises devait rester en Hollande, mais à sa solde ; le 53ème devait revenir avec lui, dès que le 18ème serait arrivé pour le remplacer par de simples détachements, échangés dans la division du général bressan Pulhod, souvenir omis par certains de ses biographes. Il put rentrer assez tôt à Bois-le-Duc pour saluer l'Empereur qui visita ses fortifications le 7 mai. Quelque temps après cette armée qui n'était qu'un corps d'observation, fut licenciée et, au mois de juillet, on lui accorda pour venir en Savoie et aux eaux d'Aix un congé qui dura jusqu'en septembre.

CHAPITRE V.
**Armée d'Espagne (état-major).
Siège de Saint-Sébastien. Captivité. (1811-1814.)**

Au mois d'octobre 1810, il fut détaché à Avignon pour la concentration des troupes destinées à l'Espagne, mais il y arriva après leur départ et vint à Paris demander un emploi qui lui fut accordé comme chef d'état-major de la 2ème division d'infanterie du 90 corps de l'armée d'Espagne (général d'Erlon), avec ordre de partir pour Valladolid et de là en Portugal, ordre qui lui fut renouvelé le 4 décembre 1810 et qu'il exécuta, en bon Savoyard, sans grande précipitation.

Il arriva donc en Espagne au début de 1811, alors que Masséna avait commencé la retraite de l'armée du Portugal, périssant de faim et de misère et menacée par Wellington. Pour venir à son secours, le prince de Wagram lui annonçait la formation d'une armée du Nord sous les ordres du général Bessières duc d'Istrie, qui devait avoir sous son commandement la Navarre, la Biscaye, Santander, les Asturies, les provinces de Burgos, Aranda, Soria, Palancia, Valladolid, Léon, Benavente, Toro, Zamora et Salamanque. Le duc d'Istrie devait avoir son quartier général à Valladolid et le 9ème corps était destiné définitivement à faire partie de l'armée de Portugal, mais il recevait encore à la fois des ordres du duc d'Istrie, qui faillirent compromettre le retour à Salamanque où il devait se rendre.

L'adjudant-commandant Songeon fut retenu à Salamanque sur la demande du général Thiébault, comme chef d'état-major du 7ème gouvernement ; il était lui-même gouverneur de cette ville en même temps qu'il commandait la 1ère division.

C'était un militaire très instruit et très laborieux ; il avait trouvé moyen, malgré l'état de guerre, de rédiger un manuel général des états-majors, qui fût le premier ouvrage de ce genre.

Bon administrateur, il s'appliqua à faire régner dans cette ville la tranquillité et la justice et à y faire respecter tous les intérêts. Toutes les maisons furent numérotées et les noms des rues et des places inscrits comme à Paris. Il défendit d'enterrer dans les églises et fit ouvrir un cimetière extérieur. Il fit aussi ouvrir une place entre le palais épiscopal et la cathédrale, qui reçut le nom de piazza del Général

Thiébault, sur le plan de son aide de camp. Il s'y créa aussi une belle habitation comme les hôtels de Paris, avec décors gracieux, distribution parfaite, trois salons, jardins anglais avec grottes en rocailles et pavillon. (Mémoires publiés par sa fille). La duchesse d'Abrantès y séjourna et raconte aussi dans ses Mémoires que les officiers français jouissaient de relations courtoises avec beaucoup de familles du pays et que leurs têtes n'étaient pas mises à prix par les guérilleros dans cette région.

Par contre, ce général Thiébault qui était sincère pour lui-même, était sévère pour juger les autres, et il est peu de ses supérieurs qu'il n'ait pas rudement jugés : à plus forte raison ses collègues et ses inférieurs ; son éditeur a cru devoir le constater. En voici des extraits : « *Quelque faible que fut la capacité du beau d'Orsenne ; quelque vaniteuse que put être la confiance que le maréchal Marmont avait en lui-même, le maréchal Soult prépara la série des désastres à laquelle nous dûmes notre expulsion de la péninsule et l'invasion du Midi de la France. Du général Rey, par suite de sa destinée, qui était de détruire plutôt que défendre, il fit sauter en l'air le fort de Burgos, pressé de décamper. Il ajoute toutefois que, chargé de la défense de Saint-Sébastien, il s'y comporta du moins avec vigueur, bien qu'elle n'eût que l'importance d'un moment.*»

En ce qui concerne son chef d'état-major, qui ne lui avait peut-être pas prêté une assistance assez grande pour son goût de transformation, il le congédia en lui reprochant d'avoir manqué de courage, alors que le siège de Saint-Sébastien prouvait, pour lui, comme pour le général Rey, le contraire, qu'il avait fini par reconnaître à ce dernier.

En mai 1811, le gouverneur de Salamanque contribua à ravitailler les troupes qui allaient affronter l'armée anglo-portugaise le 5 à Fuentès de Onoro, sans remporter toutefois une victoire incontestée, et le 12 mai, la garnison d'Almeida échappée, après destruction de cette place par l'intrépide troupe du général Brenier, entrait dans Salamanque ; néanmoins l'expédition de Portugal était manquée et Masséna dut en subir la disgrâce.

L'armée du Nord était alors commandée par le général Dorsenne, qui avait remplacé le maréchal Bessières, rappelé à Paris, et l'armée du Portugal avait pour chef Marmont duc de Raguse. Ils réussirent à faire lever par les Anglais le blocus de Ciudad Rodrigo qu'on avait pu heureusement ravitailler en septembre et ce fut ce ravitaillement qui, brouillant le générai Thiébault avec son chef d'état-major, fut la cause de son envoi par Dorsenne, le 13 septembre, comme commandant supérieur de la province et du partido de Zamora (province et ville de l'ancien royaume de Léon, au N.O. de l'Espagne, attenant à l'extrémité N. du Portugal, comptant 70.000 habitants. La ville, située sur un rocher dominant le Douro, à 658m d'altitude, était autrefois entourée d'une sextuple muraille et très irrégulière ; elle contenait une citadelle et était un entrepôt de grains et de vins. Sa population ne prit pour ainsi dire aucune part aux événements militaires. On y signale des gisements de turquoise) au 6ème gouvernement. Songeon fit son entrée de suite dans cette ville, et dès le 21 il adressait aux habitants une proclamation en espagnol pour les remercier de n'avoir point pris part à une récente tentative de rébellion et les assurer qu'ils pouvaient continuer de vivre en sécurité avec son estime antérieure à son entrée dans leurs murs. Le commandant put y vivre paisiblement pendant que le général Dorsenne s'occupa à pacifier les provinces des Asturies, de la Galice, de Sanlander et de la Nouvelle-Castille, contre les guérillas toujours à l'affût. Le service à Zamora était tant militaire qu'administratif. Il devait s'occuper de la rentrée des grains et contributions, employer aux rentrées les hommes disponibles de la garnison et les troupes qui, par suite, seraient mises à sa disposition. Le général en chef, en lui confiant ce commandement important, comptait sur son zèle, son activité el son entier dévouement pour le service de l'Empereur.

Vers la fin de l'année, l'Empereur, certain d'avoir la guerre avec la Russie, dut modifier les armées de la péninsule ; il retira la garde, les régiments polonais et d'autres troupes et réorganisa l'armée du Portugal peu heureusement. Le quartier général du duc de Raguse devait être transféré à Valladolid ; ses forces étaient augmentées de deux divisions de l'armée du Nord, et l'armée du Nord déplacée elle-même à Burgos devait lui prêter appui. Cette armée, occupant les districts de Santander, Saint-Sébastien, Burgos et Pampelune, devait aussi protéger les communications avec la France.

La place de Zamora étant rattachée à l'armée du Portugal, son commandant reçut l'ordre, à la date du 13 janvier 1812, de relèvement des troupes affectées aux deux armées et de ramener lui-même à Valladolid toutes les troupes de l'armée du Nord, en ne laissant personne en arrière. Quelques jours auparavant, il avait eu à rendre compte de la désertion de plusieurs sous-officiers et soldats du ier bataillon du 4ème de la Vistule (troupe polonaise au service de la France), avec armes et bagages, qui devait passer dans le 6ème gouvernement du général Vandermaesen. Le général Dorsenne lui en fit naturellement quelques reproches en l'engageant à découvrir le motif et à rechercher les coupables pour faire un exemple.

Dès son arrivée à Burgos, il reçut l'ordre, le 11 février 1812, de repartir pour Valladolid comme chef d'état-major de la division Vandermaesen, ce qui devait lui être agréable, car ce chef lui en avait témoigné le désir ; mais un nouvel ordre, du 10 mars, le désigna provisoirement pour rester à Burgos, comme chef d'état-major du 5ème gouvernement près de M. le général gouverneur Rey. Il fut confirmé le 28 mai d'une manière définitive par le général en chef Cafarelli qui venait de remplacer le général Dorsenne.

L'armée du Nord comprenait les divisions Dumoustier, Abbé, Vandermaesen et Palombini pour l'infanterie, La Ferrière pour la cavalerie, soit 26.600 hommes, plus 21.400 dans les garnisons des 3ème, 4ème et 5ème gouvernements.

On sait combien les événements se précipitèrent en 1812, par la prise de Ciudad-Rodrigo, celle de Salamanque pour laquelle le major-général avait écrit à Marmont : « *Il n'y a ni si, ni mais, choisir votre position, y être vainqueur ou périr avec votre armée au champ de bataille choisi.* »

La perte de la bataille de Salamanque ou des Arapiles, causée par une faute unanimement blâmée de son chef, grièvement blessé et remplacé par le général Clauzel, amena, le 30 juillet, Wellington à Valladolid et de là Madrid, où il entra le 12 août. Le 18 septembre, il s'emparait de Burgos ; mais après 35 jours de siège, il ne put s'emparer du château, défendu héroïquement par le général Dubreton, gouverneur.

A son approche, le général Rey avec ses troupes et son état-major s'étaient retirés à Miranda et à Vitoria ; il revint à Burgos après son départ à la lin d'octobre reprendre cette campagne incessante de défense éparpillée, de combats égrenés, d'accompagnement d'escortes, de protection des convois, de réquisitions militaires et administratives pour repousser les guérillas, assurer les communications et transports et faire rentrer les contributions, soit en argent, soit en nature.

La province de Burgos, située dans la Vieille-Castille, est traversée au Nord par les monts Abarènes et au Sud-Est par des Sierras très favorables à la guerre de partisans et aux refuges ; elle est traversée par la grande route de France, qui, de Bayonne par Vittoria, Burgos et Aranda, servait de ligne d'étapes par Madrid et par celle qui, de Burgos, se dirige sur Valladolid, l'ouest de l'Espagne et le Portugal : il était indispensable d'y assurer la sécurité ; enfin le pays peuplé et fertile devait subvenir à de fortes impositions.

Dès le début de la guerre, des chefs castillans, courageux, habiles et actifs avaient su organiser des bandes réfractaires, qui devinrent vite redoutables, tels entre autres Longa, Pinto et le curé Mérino qui pouvaient réunir plusieurs milliers d'ennemis et qui disposaient même de cavalerie et de canons.

Ainsi de même opérait dans la Navarre, la Biscaye, et l'Aragon, un autre chef, Mina, contre lequel le général Gafarelli avait dû marcher lui-même en personne et qui avait même reçu de l'Infante le litre de brigadier d'infanterie.

Ces bandes étaient devenues de plus en plus entreprenantes depuis le départ de Napoléon et s'augmentaient du nombre croissant des déserteurs de troupes alliées, comme probablement ceux de la Vislule dont nous avons fait mention : la propagande du clergé leur était devenue si favorable que le 13 juin 1812 le général Rey fit arrêter l'archevêque de Burgos pour le conduire à Madrid.

En avril, en juin, juillet et août, Songeon dut organiser des expéditions contre elles avec l'office de la gendarmerie qui, du reste, sut mériter dans cette campagne, plutôt faite pour elle que pour l'armée, les éloges les plus mérités de bravoure et de dévouement. (Capitaine Martin : La Gendarmerie française en Espagne et en Portugal.) Il eut même un cheval tué sous lui, mais il eut la joie de voir entrer à l'école de Saint-Cyr son fils aîné, Jean-Guillaume, dans la première promotion de février qui fut suivie d'une autre en mai. Elles durent former en moins d'un an 700 nouveaux officiers ; Jean-Guillaume sortit le 7 mars 1813 et fut envoyé de suite à la Grande Armée, pour être remplacé quelques jours après par son frère Louis-Joseph le 21 mai ; il n'avait alors que 17 ans, et c'était un bel exemple de la part du père et des fils qui n'étaient pas nés Français, de se vouer ainsi à leur seconde patrie dans un moment difficile. Songeon poussa même la générosité jusqu'à offrir au gouvernement de mettre à sa disposition la somme de 6.000 fr., montant de ses huit mois de solde. Il en fut remercié par une lettre du ministre de la guerre, duc de Feltre, qui, deux ans plus tard, ministre de Louis XVIII, lui reprocha, cruelle ironie, ses dispositions bonapartistes, enraya leur carrière et, suprême injustice, combattit leur demande de naturalisation.

En cette année 1813, la situation ne fit qu'empirer : les anciens soldats avaient été remplacés par des troupes plus jeunes et moins aguerries, la solde n'était plus payée et les vivres manquaient : la rébellion s'accentuait aussi par le succès des Anglais.

Le général Clauzel remplaça Cafarelli le 22 février à la tête de l'armée du Nord et sur l'ordre exprès de l'Empereur, on lui adjoignit 20.000 hommes provenant de l'armée du Portugal dont il se servit pour se mettre à la poursuite de Mina qu'il parvint à chasser de la Navarre ; mais Wellington, maître du Portugal et de la Galice, reprit une offensive décisive pour l'évacuation de l'Espagne au moyen d'un grand mouvement sur le flanc droit, par Burgos et Victoria, en opposant 80.000 alliés aux 45.000 Français. Le 21 juin il était vainqueur après avoir pris 100 pièces de canon et tous les équipages du roi Joseph à Vitoria. L'armée du Nord arriva trop tard ; elle put se rabattre sur Sarragosse, où elle arriva le 1er juillet pour rentrer en France par Jaca.

Le 19 juin, deux jours avant la bataille, le roi avait envoyé à Saint-Sébastien le général Emmanuel Rey (*Rey, Louis, Emmanuel, né à Grenoble le 22 septembre 1768, soldat au régiment de Monsieur en 1784, lieutenant à l'état-major de l'armée des Alpes en 1792, général de brigade en l'an IV, commandant supérieur du département de Rhône et Loire en l'an IV, employé dans les 6ème, 19ème et 24ème divisions de l'an VII à l'an XIII. Armée de réserve an XIV à 1807, baron de l'Empire en 1808, chef d'état-major de l'armée de Catalogne de 1808 à 1811, commandant le 5ème gouvernement d'Espagne en 1811, gouverneur de Saint-Sébastien en 1813, général de division en 1813, gouverneur de Valenciennes en 1815. Réformé. Remis en activité en 1831. Admis à la retraite en 1833. Cette fin de carrière fut absolument semblable à celle de Songeon*) avec une partie de la garnison de Burgos que l'adjudant-commandant Songeon fut chargé d'y conduire. La place y était en état complet d'abandon, depuis qu'elle avait été remise à la France par le prince de la Paix en 1808.

La garnison fut alors portée à 3.180 hommes, dont 2.681 d'infanterie, 123 d'artillerie, 261 du génie et 70 employés d'administration.

Saint-Sébastien, capitale de la province de Guipuzcoa, n'était pas alors comme aujourd'hui une ville réputée pour ses bains de mer fréquentés par la cour, renommée par ses courses de taureaux et enrichie par un commerce très important. Ayant été détruite et pillée par les Anglais après le siège mémorable de 1813, elle fut reconstruite sur un plan uniforme de rues en ligne droite. C'était alors une place maritime éloignée d'une lieue et demie de la grande route de Bayonne. Ses fortifications formaient du côté de terre une presqu'île bordée à l'Est par une baie et à l'Ouest par l'embouchure de l'Uruméa. A l'entrée de la baie, la petite île de Sainte-Claire et la côte opposée éloignée de 1.200 mètres. A marée haute, la place n'était accessible que par l'isthme ; à marée basse l'Uruméa est guéable.

Les fortifications de l'isthme consistaient en une courtine d'une grande élévation : au milieu un cavalier, aux extrémités de petits bastions.

Hors de la place, deux faubourgs : Sainte-Catherine et Saint-Martin, celui-ci au pied de la hauteur de Saint-Barthélemy qui lie la presqu'île au continent.

Du côté de la baie et de l'Uruméa, l'enceinte était formée d'un mur fort élevé, ayant 8 pieds d'épaisseur et baignée par les eaux des deux côtés. Le port de la ville est à l'Ouest. A l'extrémité de la presqu'île est le mont Orgullo entouré d'escarpements sur une mer profonde. Son sommet est occupé par un château qui, avec deux batteries, celle de la Reine à droite et celle du Mirador à gauche, présente une ligne de défense du côté de la ville. Ces ouvrages peuvent battre, par dessus la ville, toute la presqu'île.

Le 27 juin, le gouverneur arrêta les moyens de défense.

Le 6 juillet, il reçut un envoi considérable de farine, de riz, de lard et d'eau-de-vie.

Le corps ennemi de Mendizabal parut devant la place le 1er juillet, et le 9 il céda ses postes aux troupes anglo-portugaises commandées par le lieutenant-général sir Graham. Lord Wellington vint arrêter le projet d'attaque.

L'équipage de siège comprenait 20 pièces de 24, 6 pièces de 18, 6 obusiers, 4 mortiers, 4 caronades.

L'ennemi commença ses batteries le 11 au-dessus de Saint-Barthélemy qu'il attaqua le 10 et fut repoussé avec perte ; mais le 17, après une résistance opiniâtre, il devint maître des retranchements du plateau. Le 22 une brèche de 5o mètres était ouverte à la muraille de l'Est, laissant un ressaut intérieur de 4 à 5 mètres de haut, suffisant pour entraver l'assaillant ; la batterie de brèche tira en 15 heures et demie 3.5oo boulets avec 10 pièces de 24, soit 350 coups par pièce, exemple rarement atteint jusque là. Le 23 et le 24, il continua son feu et ouvrit une nouvelle brèche en vue d'escalade. Le gouverneur, pour repousser l'assaut, chargea son chef d'état-major de défendre la petite brèche et se réserva la grande. L'attaque eut lieu le 25, mais elle fut accueillie sur les brèches par tant de feux qu'elle dut reculer après avoir demandé une suspension d'armes. Dans son rapport au Ministre duc de Feltre, le gouverneur mentionna que le colonel Songeon l'avait bien secondé. Le 26, Wellington vint visiter les approches et donna l'ordre de suspendre le siège par crainte de la diversion tentée par le duc de Dalmatie. Une sortie de la garnison commandée par Songeon s'empara de 180 prisonniers, sa colonne y perdit 6 tués et 32 blessés, lui-même avait reçu deux balles.

Pendant trois semaines, il n'y eut rien d'important. Le 19 août, l'ennemi qui avait reçu de nouvelles pièces et des munitions, pouvait, disposer de 117 bouches à feu. La place en avait 61, ses magasins étaient bien pourvus et sa garnison, renforcée de quelques détachements, montait à 2.619 hommes; elle avait des communications avec Saint-Jean-de-Luz, malgré les croisières anglaises, tant est grande la difficulté de bloquer une place maritime. La tentative du duc de Dalmatie, qui dura neuf jours au milieu de grandes difficultés et qu'on appela la bataille des Pyrénées, ne put refouler Wellington, et le 22 août ses troupes réoccupèrent les tranchées. Le 26, 63 bouches à feu tonnèrent contre la ville, ouvrant de nouvelles brèches. Ce général dirigea lui-même les travaux contre le bastion Saint-Jean après s'être emparé de l'île Sainte-Claire où nous n'avions que 24 hommes. Le gouverneur avait profilé de la suspension pour construire en arrière de l'enceinte avec les matériaux des maisons ruinées un mur de retranchement fort épais et crénelé pourvu d'un ressaut intérieur.

Le 31 août, en même temps que Soult tentait une seconde fois de les refouler sans y parvenir, les assiégeants assaillirent les brèches du bastion Saint Jean et, soutenus par la brigade portugaise passée à gué, elle obligea la défense, après 3 heures de la résistance la plus opiniâtre, à se replier. « *Songeon, sur la brèche, à la tête des troupes, les animait du geste et de la voix : Vive l'Empereur ! En avant l'honneur français ! s'écriait-il, son chapeau au bout de son épée et un tambour à ses côtés battant la charge. Malheureusement, l'explosion de la courtine eut lieu et força la colonne française à se retirer dans le fort Lamothe* ». (Victoires et conquêtes des Français de 1792 à 1815 et certificat authentique des officiers assiégés.) Elle dut le gagner par le port; à l'exception du commandant de l'artillerie et du 34ème de ligne, tous les chefs de corps étaient tués ou blessés. Chez les Anglais, le général Grahàm accusa 2.563 hommes tués ou blessés, dont 3 généraux et le colonel du génie. La garnison, réduite à 1.280

hommes avec 400 prisonniers, tint encore huit jours au mont Orgullo ou de la Molhe combattu par 59 pièces.

Le 8 septembre, à midi, le gouverneur hissa le drapeau blanc et envoya Songeon pour traiter de la capitulation. Lorsqu'il parut devant sir Graham (*Thomas Graham, entré au service à 45 ans, avait pris part au siège de Toulon, à la campagne d'Italie en 1796, sous les ordres de Wurmser. Il se distingua plus tard en Espagne, à Barrossa, contre le maréchal Victor, en 1810. Après la prise de Saint-Sébastien en 1813, il échoua dans l'attaque de Berg-op-Zoom en 1814, vaillamment défendue par Bizahet, mais le gouvernement anglais ne lui en conféra pas moins le titre de lord avec une riche dotation, pendant que son vainqueur était mis par la Restauration en non activité*), celui-ci l'embrassa et lui présentant une plume : « Monsieur le Colonel, dit-il, lorsqu'on s'est défendu ainsi que vos troupes l'ont fait, on n'est point vaincu et l'on a le droit de dicter des conditions, écrivez-les..., Monsieur, répondit le chef d'état-major, nous ne demandons que les honneurs de la guerre et le transport en France de nos blessés, nous ne pouvons exiger d'autres conditions, car il ne nous reste plus un boulet pour soutenir la négociation dont je suis chargé. » Ces conditions furent accordées.

Malheureusement, avant la reddition du fort, les Anglo-Portugais, maîtres de la ville, y commirent de telles atrocités qu'elles furent consignées dans un manifeste présenté à la nation espagnole par la junte constitutionnelle, le chapitre ecclésiastique et les habitants. Ni l'âge, ni le sexe ne furent respectés, sous prétexte que les habitants avaient favorisé les Français dans leur défense, tous devinrent les victimes de la fureur du soldat. Le pillage dura quatre jours sous les yeux des officiers consentants ; enfin la ville fut livrée aux flammes et entièrement détruite.

Le siège avait duré 83 jours, dont 36 de tranchée ouverte. Malgré sa fin malheureuse, la défense fut des plus héroïques, et Songeon y joua un rôle rivalisant avec celui du gouverneur et souvent très personnel. Ce fut incontestablement son plus beau titre de gloire et nous comprenons qu'il ait tenu à le rappeler, comme le principal épisode de sa carrière qui lui valut son suprême avancement. C'est pourquoi son peintre portraitiste, Moreau, l'a choisi comme fond allégorique.

La garnison prisonnière, gouverneur en tête, fut conduite en Angleterre où elle arriva vers le 24 septembre, mais les officiers ne furent nullement astreints à vivre, bien qu'on l'ait dit, sur les pontons qu'on a si justement flétris comme exemples de sévices et de cupidité mercantile. On leur assigna sur terre, à ceux qui étaient prisonniers, sur parole, des résidences en leur remettant en mains, sous la formule Dieu et mon droit, les règles qu'ils étaient tenus d'observer. Entre-autres ne recevoir ni envoyer aucune lettre, sans qu'elle soit lue et approuvée par le commissaire chargé de la surveillance ; se promener exclusivement sur la grande route à la distance d'un mille des extrémités de la ville ; ne jamais sortir du logement avant 6 heures du matin et y rentrer avant 5 heures, ou 9 heures suivant les trimestres déterminés. Ils étaient libres d'avoir un logement et un mobilier personnels. Songeon était interné sur parole à Bridgnorth, comté de Shrop, sur la Severn, dans ses meubles. Pendant sa captivité, sa femme recevait du gouvernement français pour elle et ses deux fils mineurs une indemnité mensuelle de 125 francs.

Un de ses cousins, Joseph-Marie, né à Chambéry en 1780, chirurgien du Val-de-Grâce, fil aussi comme médecin la campagne d'Espagne, de 1810 à 1814 ; il fut également fait prisonnier par les Anglais. Licencié en 1815, il épousa Mlle de Boigne et se fixa à Chambéry, où il fut décoré par Napoléon III en 1860 sur la proposition de M. le baron d'Alexandry.

Un décret du 25 novembre 1813 éleva l'adjudant commandant Songeon au grade de général de brigade en récompense de sa belle conduite pendant le siège de Saint-Sébastien et des démarches étaient tentées pour obtenir sa libération par échange. Pendant qu'il rongeait son frein dans l'île britannique, les plus graves événements se produisirent en France par l'invasion des alliés, malgré une retraite de belle lutte défensive, où ses deux fils s'étaient distingués. L'aîné à Leipzig, dans la Grande Armée, reçut 3 blessures et fut fait prisonnier ; le second, dans la campagne de France, au siège de Paris, avait reçu un certificat élogieux. Néanmoins Paris avait dû se rendre le 3i mars et Napoléon avait abdiqué le 7, dégageant ainsi ses officiers de leurs serments de fidélité.

La Savoie aussi avait été envahie malgré la belle résistance de Dessaix. Chambéry et Annecy avaient été successivement occupés, relâchés et repris par l'Autrichien Bubna définitivement maître le 15 avril. Pendant qu'on préparait la rentrée du roi Louis XVIII, une convention militaire avait été conclue, qui rendait la liberté aux prisonniers le 23 avril sans rançon et sans échange. Le général, son fils et son cousin en profitèrent. Le roi fit son entrée le 3 mai à Paris et le 3o mai fut signé le traité de Paris qui morcelait la Savoie en ne laissant à la France qu'un nouveau département du Mont-Blanc qui ne comprenait plus que les arrondissements de Chambéry et d'Annecy.

CHAPITRE VI

Département du Mont-Blanc (maréchal de camp). — Marie-Louise à Aix. — Affaire Hurault de Sorbée. — Les Cent-Jours à Chambéry. — Songeon chargé de transmettre à Marie-Louise à Vienne des lettres de Napoléon. — Le marquis d'Osmont, ambassadeur à Turin. — La défense de Paris avec les fédérés. (1814-1815.)

Songeon rentra en France le 3o avril 1814 et se rendit d'abord à Annecy en attente.

Le général, devenu maréchal de camp suivant la nouvelle appellation, fut présenté au Roi par le duc de Duras le 6 juin 1814 et il est probable que Louis XVIII dut l'interroger longuement sur son département d'origine qu'il fallait reconstituer, puisqu'il était démembré et plus rapproché de la frontière. Aussi un décret du 7 août ne tarda pas à l'appeler au commandement de la place d'Annecy et autres parties du département du Mont-Blanc. Il fut suivi d'une seconde lettre du comte Dupont, ministre de la Guerre du 11 août, l'informant qu'il commanderait l'arrondissement d'Annecy et prendrait provisoirement le commandement du département du Mont-Blanc et l'invitant à se rendre sans délai à Chambéry. Enfin une troisième lettre du même ministre, datée du 17 août renouvelait l'ordre de partir en poste pour Chambéry comme quartier général, de prendre les ordres du général comte Marchant, commandant la 7ème division à Grenoble, et de s'entendre avec le préfet du département du Mont-Blanc pour agir de concert, au service du Roi, sur ce point important de nos frontières. Je vous le répète, disait-il, ne perdez pas un instant pour vous rendre à votre poste.

Le préfet du Mont-Blanc était alors le baron Finot, mis à la tête du département par l'Empereur en 1810 et qui, pendant l'invasion, n'avait pas abandonné ses fonctions (le baron Capelle, préfet du Léman, fut au contraire révoqué pour ne pas avoir pris les mesures propres à s'opposer à l'invasion dès alliés et devait passer en jugement sans l'abdication), mais avait prêté aide et assistance en Maurienne à ses défenseurs. Toutefois, après le changement du prince, il n'avait pas hésité, comme les trois quarts de ses collègues, à se rallier au nouveau pouvoir en invoquant l'excuse de l'intérêt public. Les troupes autrichiennes parties, il avait repris son administration le 15 juin, déclarant que le jour le plus fortuné de sa vie était celui qui le ramenait à ses anciens administrés. On s'accommoda du reste assez facilement du nouveau régime en Savoie, parce qu'il fonctionnait au moyen d'une charte très libérale et reconnaissait la validité des ventes de biens nationaux ; la principale réaction venait de la noblesse sans doute moins favorisée et se rappelant ses anciennes attaches.

Le général Dessaix avait quitté Chambéry le 27 avril pour un juste repos ; la présence d'un commandant militaire se faisait cependant sentir et le préfet la signalait le 7 août au ministre de la Guerre par les considérations suivantes : Chambéry possède une garnison assez nombreuse (7ème et 11ème de ligne), près de 200 officiers y attendent leur destination ; des garnisons autrichiennes cernent le département et sont à une heure de distance du chef-lieu. L'archiduchesse Marie-Louise est à Aix ; elle y excite la curiosité de beaucoup d'étrangers ; elle a à sa suite un général étranger autrichien. L'ambassadeur de Russie près la cour de Sàrdaigne (Prince Koslowski, plein d'esprit, mais si léger et si mauvais sujet, qu'il n'offrait aucune ressource de société {Mémoires de M. de Boigne}) a quitté Turin pour cette station ; le roi de Sàrdaigne a un parti très prononcé dans le déparlement qui s'agite pour la restitution au Piémont. Songeon qui venait de recevoir le 14 août la croix de Saint-Louis, arrivait à Chambéry le 27, après un nouvel entretien avec Monsieur frère du Roi où il fut question de l'archiduchesse ; il n'eut pas longtemps à regretter ce dangereux voisinage, qui devint le germe de ses futurs déboires.

L'affaire de Marie Louise

L'ancienne impératrice Marie-Louise avait reçu avis, avant son départ de France, du docteur Corvisart, dans lequel elle avait toute confiance que l'usage des bains d'Aix, en Savoie, à l'exclusion de tous autres, lui était absolument nécessaire. En attendant la saison favorable, et sur le désir de son père, elle était veuue passer quelque temps à Vienne, au sein de sa famille.

Après cinq semaines de cette existence, assombrie par la jalouse tutelle de sa belle-mère et la séparant complètement de ses souvenirs et sympathies pour la France, elle avait hâte de s'en rapprocher. Napoléon, avec qui elle n'avait pas cessé de correspondre, n'y mettait pas d'opposition. Il fut admis par l'Empereur François qu'elle entreprendrait un voyage aux glaciers de Savoie, une excursion en Suisse et un séjour aux eaux d'Aix, à condition qu'un de ses représentants irait résider auprès d'elle à Aix, après son retour des glaciers. Son fils devait aller la rejoindre, mais il resta à Vienne sous la garde de Mme de Monstesquiou. Elle partit de Schoenbrunn le 29 juin, sous le nom de duchesse de Colorno, nom d'un de ses châteaux dans le duché de Parme, n'étant accompagnée que par des Français ; passa par Munich, Constance, Baden, Berne, Prangins, où elle fut reçue par le roi Joseph et de là pour le Montanvers. Ce voyage, qui dura six jours, a été raconté en vers et en prose par le baron Méneval, ancien secrétaire de l'Empereur, qui l'accompagnait.

Le 16 juillet, elle était de retour à Genève et partait le lendemain pour Aix ; mais, pour elle, la vie allait complètement changer ; car, à la duchesse craintive, insoucieuse, jouissant d'une feinte liberté, allait succéder la fille déchue ostensiblement, contrariée et surveillée par l'Empereur, son père, et par ses ministres hostiles à la France.

A deux postes de la ville, un officier général autrichien, suivi d'un autre officier, qui paraissait être son aide de camp, se présenta à la portière de sa voiture pour l'accompagner. Il avait fait préparer son logement et devait l'y conduire.

Le journal Le Mont-Blanc avait annoncé cette visite par les entrefilets suivants pour la plupart inexacts :
« 9 juillet : Le général de division de Neipperg et son officier d'état-major général, M. le lieutenant colonel baron Strabourzki - son nom exact était Arabowsky. (Correspondances de Marie Louise) - sont arrivés aujourd'hui à Chambéry, se rendant à Aix, pour y recevoir S.A.I. l'archiduchesse Marie-Louise qui vient y prendre les eaux.
« 18 juillet : S.A. l'archiduchesse Marie-Louise est arrivée le 17. On avait fait retenir pour S.A. beaucoup d'appartements, ce qui fait supposer qu'elle doit avoir une suite nombreuse. »

En fait, elle ne portait cependant que le simple titre de duchesse de Colorno et sans doute avait-on recommandé aux journaux certaine discrétion, car il n'est plus fait sur elle aucune autre allusion ; c'est entr'autres sources beaucoup mieux renseignées d'ailleurs, à sa correspondance récemment publiée et aux Mémoires de Méneval qu'on peut recueillir quelques faits.

La duchesse de Colorno était accompagnée de la comtesse de Brignole, du comte de Bausset, du baron Méneval, de M. Héreau, médecin, de Mme Héreau, dame d'annonce, et de Mme Hurault, lectrice ; elle était suivie du général Neipperg, de son aide de camp et du colonel Karaczai. Elle descendit dans une maison située hors de la ville et qui appartenait à M. Chevalley, petit logement charmant, mais bien petit, écrivait-elle.

Il avait été préparé par les soins de M. Ballouhey, intendant de la maison de l'Impératrice, et il avait déjà été occupé par la Reine Hortense. Elle trouva à son arrivée le docteur Corvisart et l'artiste Isabey (Jean-Baptiste, 1767-1855, élève de David, peintre en miniature et portraits du cabinet de l'empereur, du roi, ordonnateur des fêtes, etc., qu'il ne faut pas confondre avec son fils Eugène moins illustre. Ce fut sans doute à ce voyage qu'il dessina la jolie lithographie à deux teintes : escalier de l'hôpital (aujourd'hui mairie), publiée par Engelmann en 1818), qui avait été son professeur de dessein et dont elle goûtait beaucoup l'humeur enjouée. La duchesse de Montebello, son amie préférée, arriva le 6 août et Méneval partit le surlendemain. Pendant les premiers jours, elle ne donna au comte Neipperg que des audiences officielles et les quelques Français qui l'accompagnaient, fidèles à sa cause, la rattachaient encore à la France, bien qu'elle sût que sa correspondance était indignement violée par la police française à Aix.

Les nombreuses lettres qu'elle écrivit elle-même à Méneval après son départ trahissaient le regret de ne plus avoir ses avis et conseils, l'inquiétude de son sort sur lequel on était pas fixé, la crainte d'avoir déplu à Napoléon en se rendant à Aix contre son avis ; en résumé, sa position bien critique et bien malheureuse. Il me faut bien de la prudence dans ma conduite. Il y a des moments où cela me tourne tellement la tête, que je crois que le meilleur parti que j'aurais à prendre serait de mourir.

Les bains lui feraient du bien si elle avait l'esprit assez tranquille. Elle avait commencé la narration de son voyage à

Chamonix, mais ne l'avait poussée que jusqu'aux glaciers des Bossons ; elle en refusa l'impression par l'imprimerie particulière de Méneval. Elle écrivait aussi le 15 août : « Comment puis-je être gaie le i5 quand je suis obligée de passer cette fête, si solennelle pour moi, loin des deux personnes qui me sont les plus chères ! »

Elle avait reçu récemment la visite de M. de Cussy, soupçonné de vouloir laraltacher à l'Empereur, mais, le 17 août, elle n'eut plus avec elle que Gorvisart et le ménage Héreau. Corvisart partit lui-même quelques jours après.

Le 20 août, elle avait reçu des nouvelles satisfaisantes de l'Empereur qui pensait surtout beaucoup à elle et à son fils et qui lui témoignait le désir de les recevoir l'un et l'autre.

Pouvait-on croire à ce moment que ces liens d'union, encore qu'extraordinaires, seraient brisés par la politique égoïste qui les avait formés, le jour où ils ne seraient plus utiles et que les fautes dans lesquelles Marie-Louise est tombée devraient surtout être imputées à ceux qui ont profité de sa faiblesse pour en faire un instrument de haine et de vengeance ? A cet égard, je partage l'opinion de Méneval, qu'il faut réserver notre indignation aux Metterhich, aux Neipperg, à tous ceux qui ont provoqué et précipité sa chute.

Le comte de Loche, dans son Histoire d'Aix (Mémoires de l'Académie), affirme que dès le séjour d'Aix, Marie-Louise, éprise de son chambellan, avait tout à fait abandonné son mari qu'elle trompait indignement. La correspondance de Méneval semble au contraire établir que les choses n'allèrent pas aussi vile, alors que Neipperg était plutôt un espion imposé qu'un courtisan assez mal vu.

Marie-Louise rassurait encore à cet égard, le 3 septembre, son amie qui lui avait fait quelques remarques sur le jeu du personnage, en lui écrivant que « son coeur était toujours aussi calme que lorsqu'elle l'avait quittée, mais convenez aussi que l'objet n'est pas séduisant et qu'il n'y a pas de mérite à résister. » Blessé d'un coup de sabre à l'oeil droit, il portait en effet un bandeau qui ne paraissait pas devoir être celui de l'amour.

Nous avons vu que l'autorité administrative s'était préoccupée de ce séjour, mais l'autorité militaire, très tard représentée, seulement à la fin d'août et à la veille du départ qui devait avoir lieu vers le 8 septembre, ne tarda pas à être requise.

Le 3o août, parvenait en effet d'Aix au maréchal de camp, la lettre suivante :

« Monsieur le Général, je m'adresse à vous en toute confiance à l'égard de M. Hurault, officier démissionnaire des troupes qui se sont rendues à l'île d'Elbe. Son épouse, qui est lectrice de S. A. I., Mme la duchesse de Colorno, se rend à Genève et de là à Vienne. Il désire l'accompagner dans ce voyage pour se rendre ensuite dans ses foyers en Champagne. Je vous prie, Monsieur le Général, pour que M. Hurault n'omette rien en ce qui est prescrit par le Gouvernement français, de vouloir bien lui signer son passeport pour dépasser les frontières du royaume. Je vous en serai infiniment reconnaissant... Le lieutenant-général, comte de Neipperg (Neipperg (comte Adam-Albert de), né à Salzbourg en 1771, avait été élevé en France et fit ses premières campagnes dans le service de l'Autriche en 1793 contre les troupes de la Révolution. Il fut blessé au visage à la bataille de Marengo. Nommé en 1802 feld-maréchal-lieutenant, il fit les campagnes de 1805 à 1809. En 1810j ambassadeur à Slockolm, il contribua à détacher Bernnadotte et obtint en Suède des succès qui l'avaient fail appeler le Bayard des Allemands. Il reprit service dans l'armée des alliés en 1813 et 1814. Sa réputation d'un des généraux les plus distingués, sa distinction, son brillant uniforme de hussard hongrois, la défense de ses intérêts sur la principauté de Parme ne furent pas sans effet sur la princesse Marie-Louise qu'il avait souvent accompagnée et dont il devint le principal conseiller.

Cette intimité aboutit à un mariage morganatique qui ne surprit personne après le séjour d'Aix. Après sa mort, en 1828, elle lui fit élever un superbe monument ; elle en eut un fils, né en 1821, le prince de Montenuovo. D'après Méneval, Neipperg aurait eu pour père un Français.

L'Autriche, reconnaissante de ses succès antérieurs à la conquête de Marie-Louise, lui a donné une place d'honneur sur l'Arc de la Paix, à Milan, où il remplaça Napoléon), au service de S. M. l'Empereur d'Autriche, à la suite de Mme la duchesse de Colorno. »

Le lendemain le général recevait la visite de M. et Mme Hurault (Hurault-Désorbée Louis, Marie, Charles, Philippe), né à Reims en 1786, sorti de l'école de Fontainebleau en 1806, débuta comme lieutenant d'infanterie à Palmanova, fut nommé capitaine à Wagram et fit dans la vieille garde les campagnes de Saxe et de France en 1813. Il accompagna Napoléon à l'île d'Elbe dans la 5ème compagnie de sa garde, après avoir épousé une ancienne élève). Le capitaine de passage en Savoie, où il avait dû séjourner au 11ème après Wagram, était heureux de venir saluer l'ancien colonel qu'il avait connu à Palmanova dans le Frioul et pendant la campagne d'Italie. En souvenir de leurs anciennes relations de compagnons d'armes, il comptait en obtenir un service, celui de lui délivrer une pièce militaire servant de passeport, nécessaire pour sortir de France et passer la frontière par Genève pour se rendre à Vienne en Autriche. Il attestait être arrivé à Aix le 11 août, et s'être présenté aussitôt chez l'archiduchesse, dont sa femme était lectrice et il produisait une cessation de paiement qui déclarait que cet officier avait quitté le service de l'île d'Elbe. Les deux époux avaient eu l'intention de se réunir pour rentrer en France, mais au moment de leur départ, l'archiduchesse ne pouvant consentir à se séparer de sa lectrice, avait offert au mari un emploi civil dans sa maison qu'il avait accepté, devant partir du 4 au 5 septembre avec S. A. Hurault alla rejoindre sa femme en août 1814 et ne put débarquer à Cannes comme le prétendit le duc de Feltre, mais il vint rejoindre Napoléon à Paris le 4 avril 1815, fut nommé chef de bataillon de la vieille Garde et fut blessé grièvement à Waterloo. Il reprit du service en 1819, se distingua à la prise d'Alger et devint colonel au 34« de ligne, commandeur de la Légion d'honneur et enfin promu général de brigade en 1839.

Sa femme Elisabeth Kastner était né à Bitche le 22 avril 1791 et avait été, en 1810, une des premières femmes de chambre de l'Impératrice. Ce fut bien malgré eux que Neipperg put poursuivre son hideux trafic).

Cette déclaration ne cadrait pas précisément avec celle de la lettre de Neipperg, en état d'être bien informé, mais dont on devait se défier à juste titre ; d'autre part, Songeon qui connaissait d'ancienne date la tête ardente et entreprenante du capitaine, craignit de se compromettre et refusa poliment le service demandé. Alors ce fut le tour de Madame qui joignit ses supplications à celle de son mari. Elle intervint en charmante lectrice de S.A., les lectrices princières étant toujours charmantes, si l'on en croit Mme de Genlis bien informée déjà sous Louis XVI.

Ce furent d'abord des prières tendant à émousser les motifs du refus qui pouvait ne pas paraître décisif, prières inutiles : elle eut recours aux larmes plus propres à résoudre l'âpreté du cruel opposant qui resta endurci ; elle finit enfin par le coup théâtral de la pâmoison pour être soutenue par les bras rapprochés des deux antagonistes ; sans parvenir, hélas, à rompre l'inflexibilité romaine du héros de Saint Sébastien.

Celui-ci raconta ensuite que ce qui l'avait déterminé avait été la réminiscence de son dernier entretien avec le comte d'Artois, qui fut ainsi son ange gardien au moment du danger. Ne voulant rien prendre sur lui, il engagea simplement le capitaine à se rendre à Paris auprès des ministres avec deux lettres qu'il leur destinait. (Dossier Hist. à la guerre du général Songeon.)

Il en rendit compte le même jour à son chef le général Marchand, au préfet Finot, au comte Dupont, ministre de la Guerre, et au comte Beugnot, ministre de la Police générale.

Plus tard il apprit pendant les Cent Jours du capitaine Hurault d'avoir à se tenir sur ses gardes parce que l'Empereur lui avait demandé un rapport sur sa conduite envers lui aux eaux d'Aix. Il ne semble pas que l'affaire ait eu d'autre suite, car on lui avait déjà retiré son commandement ; au contraire, le comte Beugnot lui prêta plus tard assistance, sans parvenir toutefois à le remettre bien en cour avec la royauté. De part et d'autre il en resta toujours quelque chose et sa vertu ne fut point récompensée. Le gouvernement royal qui avait toléré le séjour à Aix de l'ancienne impératrice s'en était déjà inquiété et, dès le 9 août, le prince de Talleyrand avait manifesté au prince de Metternich le désir qu'il ne se prolongeât pas après la cure complète ; aussi Marie-Louise partit d'Aix le 8 septembre pour rentrer à Vienne. Méneval la retrouva le 9 à Genève avec son entourage et avec Neipperg, paraissant plus gai que le jour où elle avait fait à l'aller sa première rencontre peu sympathique. Il apprit qu'en son absence un officier, mari de sa lectrice, M. Hurault, lui avait apporté une lettre de l'Empereur et qu'il était chargé de la conduire à l'île d'Elbe où elle était attendue, mais qu'il n'avait pu remplir sa mission, parce que sur l'objection de Neipperg, elle en avait référé à son père et que la réponse de M. de Metternich s'y était opposée. Que n'avait-elle, pour la décider, les encouragements de sa grand'mère, la reine de Naples Marie-Caroline, qui, autrefois, ennemie acharnée de l'Empereur victorieux, avait été seule à la cour de Vienne pour prendre la défense de l'époux désarmé vis-à-vis de sa femme et et qui ne se cachait pas pour dire que si on continuait de s'opposer à leur réunion, il fallait que l'épouse attachât les draps de son lit à sa fenêtre et s'échappât dans un déguisement ? Marie-Louise écoutait avec sympathie les conseils de la vieille reine, mais elle était loin d'en avoir le tempérament.

Il se peut que Méneval ait ignoré les incidents delà tentative d'Hurault, son insuccès près de Songeon et les mesures qui furent prises contre lui et qui allèrent jusqu'à l'ordre donné par la gendarmerie de quitter Aix pour se rendre à Paris. (Arch. historique de la Guerre). Et cependant Marie-Louise écrivait à son amie le 3 septembre, par une occasion sûre, qu'elle ne se hasardait pas quand même à écrire ce qu'elle ne voulait pas qu'on lise, parce que M. Hurault pourrait fort bien être arrêté.

Dans sa lettre suivante datée de Sécheron le 8 septembre et confiée aussi à un intermédiaire, elle avoue que l'Empereur l'avait engagée à venir le rejoindre, à faire une escapade sans personne, avec M. Hurault tout seul, et qu'ayant trouvé cela un peu fort, elle lui avait répondu franchement qu'elle ne pouvait pas venir à présent.

Etant ainsi mieux informé, je ne crois pas devoir me contenter de l'explication donnée par Méneval et admise par M. Henri Houssaye qui ne fait pas intervenir le refus initial du passeport sollicité par Hurault avec l'aide inconsciente de

Neipperg, refus qui dut être désagréable à celui-ci et dont Napoléon fut aussi, quoique par contre très irrité. Elle omet aussi l'intervention ardemment suppliante de Mme Hurault et enfin les réticences à sa confidente de Marie-Louise. Aussi je n'hésite pas à entrevoir dans celte scène, une tentative beaucoup plus hardie du capitaine entreprenant et audacieux, dans laquelle Songeon ne voulut pas se compromettre, en facilitant l'enlèvement de la princesse avec la connivence de sa lectrice par son mari. Le soin qu'il prit immédiatement par une quadruple correspondance d'aviser non seulement son chef hiérarchique, mais encore le préfet, le ministre de la Guerre et celui de la police, d'un simple refus de sauvegarde, trahit l'importance qu'il y attachait, sans avoir voulu en préciser la cause pour ne pas dénoncer son ancien compagnon d'armes.

Avec moins de loyalisme de sa part, peut-être aurions-nous eu l'histoire romanesque d'un enlèvement pour le bon motif de la captive du Congrès échappant à Neipperg pour réunir les deux époux à l'île d'Elbe. Qui sait ce qu'il en serait advenu contre le débarquement des Cent Jours et ses conséquences prodigieuses, quoique néfastes, qu'on a tant reprochées à Napoléon, mais qui s'excuse par le traitement ignominieux que la Sainte-Alliance lui infligeait en violant le traité de Fontainebleau dans celte relégation inhumaine d'un père et d'un époux, dans l'infamie d'une séduction voulue pour son opprobre marital, et enfin dans les menaces déjà certaines d'une déportation plus lointaine ?

Quoi qu'il en soit, dans cette affaire d'Aix, au 31 août 1814, au lieu du général Songeon déjà rassis, fidèle en bon Savoyard à son serment, supposons un autre Labédoyère, quel chapitre émouvant l'histoire aurait pu enregistrer et quels changements auraient pu survenir !

Comme militaire, nous estimons qu'on ne peut le blâmer d'avoir résolu l'incident par voie disciplinaire plutôt que par mesure de police, comme on l'a supposé. Grâce à lui, Hurault s'en tira à bon compte et ne fut pas inquiété plus tard, mais Neipperg et Metternich purent continuer leur odieuse vengeance. Les pièces inédites et inconnues de M. Frédéric Masson que nous apportons, sont de nature à faire tomber le reproche imputé à Mme de Brignole, d'avoir dénoncé l'envoyé de Napoléon et compromis sa tentative qui échoua pour d'autres causes.

Au chapitre des Cent Jours, nous retrouverons le général Songeon requis de faire parvenir un nouveau courrier de Napoléon à Marie-Louise, tâche plus obsédante, dont il se lira moins heureusement.

A défaut d'hôtel affecté à Chambéry au commandant du département, le maréchal de camp qui avait laissé à Annecy sa femme déjà gravement atteinte d'un mal qui devait prochainement l'emporter, s'était installé à l'Hôtel de la Parfaite Union, situé sur la place de la Cathédrale, tenu par un sieur Cheneval (Gervais) et nous ne devons pas cacher que cette promiscuité, dont il ne sut pas assez s'affranchir par l'entraînement de vieilles habitudes déjà reprochées, lui fût nuisible pour sa tenue et son autorité. Il suscita même contre lui, par ses discours ultraroyalistes jusque dans les cafés, une certaine animosilé qui ne le rendait pas populaire en face des nombreux officiers et soldats d'Empire mis en réforme dans la ville. Il reçut dans le mois de septembre l'ordre d'aller résider à Annecy où ses inconséquences ne pouvaient avoir les mêmes résultats fâcheux. (Lettre du général Marchand au Ministre de la Guerre du 6 octobre 1814.) Dans son propre pays, il fut très bien accueilli et put habiter un hôtel qui lui appartenait et qu'il avait fait construire avec un certain luxe, comme tout ce qu'il entreprenait. Il était situé dans la rue de la Providence, sur les ruines d'un ancien hôpital brûlé par la foudre en 1720. Cette maison, dont il dut se séparer au bout de très peu de temps et qui fut ensuite agrandie, conserve encore son blason d'Empire sur la porte d'entrée : elle est occupée par l'évêché depuis la loi de séparation.

On est fondé à croire qu'il l'avait embellie de dépouilles opimes provenant d'Italie, pour sa part de grade, comme c'était alors de regrettable usage : ceci peut même servir à expliquer l'origine de celles qui pourraient encore subsister. On annonçait la prochaine arrivée en Savoie de Monsieur frère du Roi, le Comte d'Artois, qui n'était pas tout à fait étranger, puisqu'il avait épousé en 1373, à Turin, Marie-Thérèse de Savoie, seconde fille de Victor-Amédée ; après que le Comte de Provence, devenu Louis XVIII, eût obtenu la main de Marie-Joséphine, fille aînée du même Roi de Sardaigne. Le souvenir des fêtes données à Chambéry lors du passage de ce double couple royal n'était pas éteint; des préparatifs étaient en cours par le choix des députations de chaque canton et par la réunion d'une garde d'honneur à cheval.

Le choix de Chambéry fut éliminé au profit de Grenoble ; la municipalité d'Annecy désigna neuf délégués pour accompagner le maréchal de camp dans cette ville afin de complimenter lé Prince du sang. La garde d'honneur de près de 60 jeunes gens et les députations des villes de Chambéry, Annecy, Rumilly et Aix s'y rendirent le 16 octobre pour porter aux pieds de S. A. l'hommage du département. La première partagea, avec la garde de Grenoble, l'honneur de l'escorte pendant la durée de son séjour et les députations lui furent présentées par le préfet Finot le 28.

Son Altesse, après avoir distribué quelques décorations de la Légion d'honneur, accorda à tous les membres de la députalion et à tous les gardes d'honneur la décoration du lys, avec cette distinction particulière d'ajouter, au ruban blanc qui était celui de l'Ordre, un liseré de couleur brune spécial au Mont-Blanc. Dans leur nombre figurait Songeon Philibert, frère du maréchal de camp qui commandait l'escorte et les détachements des 7e et 11e de ligne placés dans son territoire à Chambéry et à Annecy et qui eut les honneurs de la table princière. Les régiments obtinrent aussi de nombreuses décorations. Chambéry avait fourni des lavarels et des ombles chevaliers pour le menu de gala ; Songeon avait séjourné à Grenoble du 16 au 28 octobre.

Le 7 novembre avait lieu à Chambéry la bénédiction des drapeaux des 7ème et 11ème régiments formant la garnison, au nombre d'environ 1.500 hommes. La cérémonie eut pour témoins M. le baron Devilliers (Devilliers, Claude, Germain, Louis, baron, puis vicomte, était né en 1770 et partit comme simple soldat en 1792. Il prit part ensuite à la désastreuse campagne de 1799 en Italie. Colonel du 6ème en 1809, général de brigade et baron au siège de Dantzig, il devint prisonnier des Russes jusqu'en 1814. Rentré en France, il obtint cette année le commandement du département du Mont-Blanc. C'est en vain qu'il essaya à Grenoble de faire rétrograder le 7e de ligne ; il fut appelé comme témoin dans le procès de Labédoyère. Nommé lieutenant-général en 1821, il obtint plus tard la 13e division militaire), maréchal de camp commandant le département, et M. le chevalier de Songeon, maréchal; de camp commandant la ville et l'arrondissement d'Annecy, le préfet et les fonctionnaires civils.

Les officiers et soldats ont ensuite prêté le serment de leur fidélité. Combien peu dura-t-elle en la circonstance pour le 7e surtout ? La revue eut lieu ensuite au Champ de Mars, puis un banquet de 3oo couverts fut servi dans la salle du spectacle. M. le chevalier de Songeon, en possession d'une aimable et franche gaieté (ce qui dément les épithètes « triste et lugubre » de Thiébault), a porté très agréablement la santé des dames du Mont-Blanc. A 8 heures, un bal a réuni près de 600 personnes et a été ouvert par MM. Devilliers, le préfet, de Songeon et le maire. (Journal Le Mont-Blanc, nov. 1814)

Pendant le mois de décembre 1814, les deux maréchaux de camp Devilliers et Songeon eurent à préparer et à établir un rapport définitif sur la revue des déserteurs et militaires rentrés sans congés ou avec congés limités ou illimités qu'ils arrêtèrent le 31 décembre à partir du 28 novembre.

Le document est important, parce qu'il établit sur des bases certaines des allégations souvent tendancieuses contre les résultats de la conscription, celle-ci régulière, après avoir été anticipée dans les dernières années de l'Empire.

L'arrondissement d'Annecy comprenait celui de Rumilly non encore détaché. Ses résultats furent imputés défavorablement pour Songeon. Sur 3.027 inscrits, il en manqua 478 qui ne se présentèrent pas et sur 541 appelés de suite, 106 avaient déserté, et sur les 435 incorporés 82 en firent autant.

La désertion était beaucoup plus intense sur Annecy, 288 sur 1.309 ; sur Chambéry, elle tombait à 190 sur 1.718.

Le rapport conclut qu'il est établi qu'un grand nombre d'hommes ne s'est pas présenté, qu'un autre nombre considérable a déserté pendant l'opération et qu'un autre a déserté après l'incorporation. La gendarmerie n'a pu en arrêter qu'un petit nombre, parce qu'elle n'est pas assez nombreuse, parce qu'il y a le voisinage de la frontière, la difficulté de parcourir le pays et parce qu'on avait répandu le bruit de la suppression de la conscription. Il proposait, pour prouver le contraire, qu'on mît des garnisaires dans les familles réfractaires et qu'on renforçât la gendarmerie par des détachements d'infanterie à la charge des familles d'insoumis.

Il peut être utile de noter que sur les 3.027 inscrits, 530 étaient refusés pour défaut de taille et 428 renvoyés comme soutiens de famille. Sur les 485 incorporés, 329 étaient allés au 7ème de ligne à Chambéry et marchèrent avec Labédoyère.

D'Annecy, la famille Songeon avait conservé de bonnes relations à Chambéry, notamment avec le comte Lazary, fils du général, qui, très âgé, n'avait pu opposer qu'un semblant de défense à Montesquiou en 1792. Dans une lettre du 25 janvier 1815, le comte se plaignait d'avoir été desservi auprès du Roi, bien qu'il aimât Louis XVIII et son auguste famille. Il ajoutait qu'il fait un froid extrême depuis quelques jours et que M. Finot (le préfet) fait danser les bourgeois qu'il considère comme insolents et rampants, tandis que la noblesse pauvre et orgueilleuse refusait ses gracieuses invitations.

La défense renouvelée récemment de porter des décorations et des uniformes étrangers l'avait particulièrement choquée.

Période des Cent Jours

Songeon devait goûter un assez doux repos à Annecy, pendant que ses deux fils servaient en sous-lieutenants au 50ème et au 25ème de ligne, quand il fut, comme toute l'armée, toute la France et l'Europe entière, tiré de ce calme par la dépêche suivante de son collègue de Villiers, partie de Chambéry le 5 mars 1815 : « Le souverain de l'île d'Elbe est parti avec 1.600 hommes de son île ; il est débarqué au golfe de Juan, près d'Antibes ; il marche sur

Digne où il a dû arriver aujourd'hui, et de là sur Gap et Grenoble ; je pars demain matin à 5 heures pour Grenoble avec tout ce que j'ai de troupes ; aussitôt cette lettre reçue, faites partir le bataillon du 7e pour Chambéry où il aura d'autres ordres ; rassemblez le bataillon du 11ème ; rappelez tous les divers détachements des douanes et autres et aussitôt le rassemblement, faites partir le bataillon pour Chambéry ; rendez-vous-y de votre personne et vous y recevrez des ordres, sitôt que les troupes sous vos ordres seront en route. Ordonnez à la gendarmerie et aux employés des douanes de rester à leur poste, de veiller à leur devoir et à la tranquillité publique ; ordonnez à la garde nationale de prendre les postes nécessaires au bon ordre et à la sûreté des citoyens. Ne communiquez de cette lettre que ce qui est nécessaire pour l'exécution des ordres, taisez le reste et surtout la grande nouvelle ; ordonnez aux compagnies détachées à Rumilly de suivre leur bataillon, il faut que celui de la 7ème vienne en un seul jour ici à Chambéry. »

Arrivé à Chambéry, il recevait du même une autre lettre datée de Grenoble le 7 mars 1815 (Napoléon y arrivait le soir même) : « Les intentions de M. le général comte Marchand sont que vous restiez à Chambéry, de votre personne avec les troupes qui s'y trouvent ; si vous croyez qu'il soit nécessaire d'envoyer à Annecy des troupes, vous y enverrez la 4ème compagnie de fusiliers du bataillon du 11ème régiment. Faites connaître aux militaires d'être tranquilles et de toujours obéir à leurs chefs et de ne pas s'embarrasser du reste. D'un autre côté, il n'y a rien à craindre à présent pour les citoyens. L'Empereur sera à nos portes ce soir, dit-on, il marche avec une grande rapidité ; sa petite armée ne se grossit pas. Un faible bataillon du 5ème qui s'est trouvé bec à bec avec son avant-garde a fait son devoir et s'est retiré en bon ordre. Demain apparemment nous en aurons des nouvelles. Les troupes d'ici et les miennes sont sages jusqu'à présent ; je ne répondrai pas cependant de ce qu'elles ont dans l'âme, dans peu nous l'apprendrons. Tout à vous d'amitié, Devilliers ».

Ce ne fut pas le lendemain, mais ce fut le jour même à quelques heures d'intervalle ; on vint l'avertir que le 7ème, commandé par Labédoyère, sortait de Grenoble et marchait aux cris de Vive l'Empereur ! Il courut sur leurs pas et en fit rétrograder une centaine ; mais, arrivé à la tête du corps, ses ordres, ses prières, ses menaces furent inutiles.

Charles de Labédoyère, qui n'avait pas 3o ans, était riche, nouvellement marié et promu depuis quelques jours colonel, ce qui lui avait permis de distribuer des gratifications très généreuses. On le croyait acquis à la royauté ; mais, dans la conférence des chefs de corps à Grenoble qui convinrent de faire leur devoir, il s'y déclara contraire. Devant ses troupes il arracha son plumet blanc et s'écria : Qui m'aime me suive ! en prenant le chemin de La Mure ; le régiment l'avait suivi. La scène dramatique de la rencontre à Brié, l'accolade qu'il reçut de l'Empereur sont restés légendaires et grandis par sa mort tragique quelques mois après. Napoléon entra à Grenoble le 7, à 8 heures et demie, par la porte de Bonne. Le lieutenant-général Marchand et le préfet Fourier qui étaient avertis depuis le 2 mars et qui avaient organisé le 6 des préparatifs de résistance avortée, sortirent de la ville après entente commune à l'approche de l'envahisseur, par deux directions opposées, le général sur Barreau, le préfet sur Lyon.

Mardi 8 mars, l'Empereur écrivit à Marie-Louise et à l'Empereur, son beau-père, des lettres qui devaient leur parvenir par le comte Bubna (par l'intermédiaire du général Songeon). Il remplaça le général Marchand par le général Colaud de La Salcette et le préfet par un autre La Salcette, conseiller de préfecture ; il ordonna que la garde nationale serait immédiatement formée dans toute la 7ème division, y compris la Savoie et que la justice serait rendue au nom de l'Empereur à partir du 15 mars.

Parti le 9 de Grenoble, il était à Lyon du 10 au i3 pour entrer triomphalement à Paris le 20 et coucher aux Tuileries que le Roi venait d'abandonner.

Pendant la marche précipitée de ces graves événements et l'ordre normal étant interverti, l'ambassadeur de France à Turin, le marquis d'Osmont, beau-père du général de Borgne, avait écrit au général commandant le département du Mont-Blanc, le 6 mars, une lettre entièrement autographe qui suit :

« Déjà, M. le Baron (Cette lettre était adressée au baron Devilliers, mais comme il était parti pour Grenoble et remplacé par Songeon, c'est à lui qu'elle fut remise. Elle est encore inédite et entièrement autographe sur papier ministre), vous aurez su l'événement qui nous occupe et dont j'espère qu'on aura prévenu les suites par toute l'activité qu'exigent les circonstances. Informé le 2 de ce mois du départ de l'isle d'Elbe, je l'ai été, depuis, du débarquement, de la tentative infructueuse sur Anlibes, de la marche en province, de l'arrivée à Grasse et de la direction probable sur Grenoble. C'est vous désormais, M. le Baron, qui pouvez me donner les renseignements dont j'ai un besoin indispensable ; ils ne sauraient être assez circonstanciés et je les attends de votre zèle pour le service du Roi. Vos lettres m'arriveront avec exactitude et célérité, si vous avez la complaisance de les envoyer chaque jour aux avant-postes sardes ; le commandant aura l'ordre de les transmettre sur-le-champ.

« Malgré les proclamations de Buonaparte, je ne puis me persuader qu'il compte assez sur la folie des Français pour en espérer leur concours à l'établissement d'une guerre civile. Les malheurs d'un pareil fléau doivent paraître trop redoutables pour lui laisser des partisans dans notre pays échappé à tant et de si grandes infortunes. Je pense donc que c'est vers l'Italie qu'on doit supposer des vues aux nouveaux débarqués ; pour s'y opposer, les troupes sardes et anglaises sont en mouvement et les 40.000 Autrichiens qui occupent le nord de la péninsule reçoivent des renforts d'autant plus nécessaires qu'il faut se trouver en moyen de résister aux entreprises de Murat. Dans ma position vous voyez combien il est nécessaire que je sois au courant de ce qui se passe en Dauphiné et des mesures prises pour arrêter le torrent dévastateur.

« Je vous demande un journal de ce que vous verrez et de ce qui parviendra à votre connaissance. « J'ai l'honneur d'être, etc... Gênes, le 6 mars 1815. »

En même temps que cette lettre, Songeon recevait du grand maréchal faisant fonctions de major-général de la Grande Armée, Bertrand, l'ordre entièrement autographe que l'Empereur lui confiait le commandement comme général du département du Mont-Blanc. « Sa Majesté compte sur votre zèle et votre dévouement. » (Lyon, 12 mars 1815.) A cette lettre était joint un paquet spécial qu'il devait faire parvenir au comte Bubna, commandant des forces autrichiennes à Turin dont nous avons fait mention. En présence de cette double mission qu'il accepta, le général eut le tort de ne pas suivre une attitude résolue que sa qualité militaire comportait, bien entendu, à ses risques et périls encore incertains dans l'espèce ; mais qui eut été plus digne, disons-le, que la conduite flottante que sa nature préféra. Il faut reconnaître à sa décharge qu'il était d'un caractère expectant comme nous l'avons déjà indiqué.

A Chambéry il voulut paraître impérialiste et publia, dit-on, une proclamation qui a été citée, sans que nous ayons pu la voir, où il s'exclamait pour Napoléon dans son langage toujours Joséphisté « Resurrexit, — Alléluia ! »

Les esprits étaient naturellement fort partagés en Savoie : on a dit, je crois avec raison, que l'ancienne noblesse désirait ardemment rentrer sous le sceptre de Turin ; la bourgeoisie aisée et commerçante, tous les industriels, voulaient rester Français. Les militaires licenciés ou réformés étaient hostiles aux Bourbons ; quant aux paysans, ils étaient à la merci du clergé favorable au roi sarde.

Avec l'ambassadeur de Louis XVIII en Piémont, resté fidèle au poste, il voulut conserver la cocarde blanche et répondit à sa lettre du 6 mars, non point par un journal circonstancié, mais en l'avisant du départ des troupes de Chambéry pour Lyon sur les ordres du Roi et, dans son expectative, pour lui demander conseil. A quoi le marquis ripostait le 17 mars en vrai gentilhomme : « Je vous confirme que le Congrès de Vienne armera l'Europe entière pour maintenir le traité de Paris.

« Je ne puis prendre sur moi de vous donner aucun avis. L'honneur vous dictera sans doute le parti que vous avez à prendre ; c'est un conseiller infaillible à la voix duquel toute espèce de raisons d'intérêt doit disparaître. »

Il fallut prendre la cocarde tricolore pour l'envoi des lettres impériales au comte Bubna. Le général Songeon confia cette mission, le 14 mars, à un officier du 7ème de ligne resté à

Chambéry qui devait se rendre à Gênes pour cette double remise aux deux ambassadeurs des lettres qui les concernaient séparément. Le voyage devait être payé par l'ambassadeur français dont la correspondance était avouée, tandis que l'autre devait rester occulte et gratuite ; mais l'affaire faillit mal tourner, par suite de l'intimité de Bubna avec M. d'Osmont, auquel il en fit part. Mécontentement de l'ambassadeur qui aurait pu faire arrêter l'officier comme espion, mais qui recula devant cette gravité. Mme de Boigne a raconté cet incident dans ses Mémoires (t. IL), mais avec des inexactitudes d'attribution au général Marchand (Marchand (Jean, Gabriel, comte), né en Dauphiné en 1765, d'abord avocat, puis commandant d'éclaireurs en 1791, assista au siège de Toulon, servit avec distinction le général Joubert en Italie ; colonel en 1797 à la 11ème demi-brigade où Songeon fut sous ses ordres. Général de brigade en l'an VIII, divisionnaire en 1805, se distingua à Iéna et Friedland, en Espagne de 1807 à 1811, en Russie à la Moskowa. En 1814 commandant la 7e division à Grenoble, il reprit Chambéry contre Bubna. Ayant refusé de servir Napoléon, il se retira dans sa campagne à Saint-Ismié pendant les Cent Jours. Rétabli au retour du roi, il fut destitué en 1816 et traduit en conseil de guerre sur une dénonciation qui aboutit à un acquittement. Mis en disponibilité en 1818, en retraite en 1825, il mourut en 1851, avec la réputation d'une gloire militaire du Dauphiné), qui n'y prit point part, heureusement pour lui, ayant failli être condamné en conseil de guerre pour défection. Elle avait gardé mauvais souvenir de ce Monsieur qui eut l'audace, après cette explication, de réclamer les 50 louis du voyage... et elle a préféré ne pas en donner le nom. Les deux ambassadeurs n'ont pas eu le même scrupule et l'ont appelé M. Nyon : rien autre ne l'appela plus tard à passer à la postérité.

Bubna qui avait le mot d'ordre fit savoir qu'il n'était pas pressé de transmettre en Autriche la correspondance de Napoléon, bien qu'il en eût remis un recule 17 mars.

L'ambassadeur ignorant encore la détermination sur laquelle il avait été consulté et, voulant corroborer sa lettre du 17 mars, lui écrivit de Gênes le 20 mars :

« Monsieur le Chevalier de Songeon, pour me conformer à la demande que vous m'avez adressée par l'officier du 7ème, relativement à la situation de l'Italie, je m'empresse de vous transmettre les nouvelles venues à ma connaissance.

« Il parait constant que le roi Murat se dispose à attaquer les Autrichiens qui de leur côté se mettent en mesure. Aux soixante mille hommes qu'ils avaient déjà dans la Haute-Italie, ils joignent quarante-cinq mille Hongrois qui, commandés par le général Bianchi, étaient, il y a quelques jours, aux environs de Trévise.

« Aujourd'hui par courrier, nous avons reçu la déclaration insérée au protocole du Congrès dans la séance du 13 de ce mois, je vous en envoie un exemplaire et j'ai l'honneur d'être Osmont, ambassadeur de France près S. M. le roi de Sardaigne. »

Cette déclaration portait que, contre Bonaparte livré à la vindicte publique, les puissances alliées maintiendraient intact le traité de Paris complété et consolidé, et emploieraient tous leurs moyens pour que la paix de l'Europe ne fût pas troublée de nouveau en faisant cause commune contre tous ceux qui voudraient la compromettre. Le 20 mars, les souverains alliés signèrent un traité s'engageant à ce maintien.

Cette lettre ne put être remise immédiatement à Songeon qui venait de partir en mission du roi, en Prusse, afin d'accélérer le retour des prisonniers de guerre français et de leur distribuer les premiers secours ; mais, avant son départ, les troupes restées à Chambéry, un bataillon du 7ème et un autre du 11ème, suivirent, malgré lui, l'impulsion de Grenoble et désertèrent par Bourgoin sur Lyon. Tous les officiers en demi-solde prirent le même chemin et je restai seul avec la gendarmerie, écrivit-il. En exécution de la proclamation de Napoléon à Grenoble du 9 mars 1815, décrétant la formation de la garde nationale dans la 7ème division pour garder les places, il reçut du baron La Salcette l'ordre de s'entendre avec le préfet pour organiser la garde nationale de Chambéry et la mettre tant à pied qu'à cheval dans une attitude respectable. Revenu à Chambéry au commencement d'avril, il reprend son commandement du département, pendant que Dessaix, gouverneur de Lyon pour l'Empire, se préoccupait d'organiser la défense de la Savoie, non plus contre une armée royale qui n'existait plus, mais contre les alliés déjà préparés pour reprendre l'offensive.

Le préfet Finot avait été remplacé cette fois le 1er avril par M. de Viefville des Essarts et Songeon avait assisté à l'installation du nouveau maire, M. Verney, le 3.

En voyant l'Empire confirmé par le départ du roi pour la Belgique et ne pouvant ignorer que Dessaix, gouverneur de Lyon, déjà chargé de surveiller la frontière des Alpes, avait proposé de le remplacer ; Songeon jugea opportun de mieux accentuer son adhésion à l'Empereur. Il le fit en envoyant le 4 avril la lettre suivante au maréchal Davout, prince d'Eckmuhl, ministre de la Guerre.

« Je crois devoir prévenir V. E. que S. M. l'Empereur m'a nommé au commandement du département du Mont-Blanc le 12 mars, pendant son séjour à Lyon ; que S. E. le Grand Maréchal m'a adressé ma nomination avec un paquet de dépêches pour l'Impératrice Marie-Louise, que l'Empereur m'a chargé de faire parvenir par tous les moyens possibles à S. E. le comte de Bubna à Turin. Je n'ai pu le rencontrer qu'à Gènes où les dépêches ont été selon le désir de Sa Majesté aussitôt extraordinairement envoyées à Vienne en Autriche. J'ai, dès cette époque, rempli mes devoirs avec exactitude, organisé une colonne de douaniers et de gardes nationales avec une pièce de campagne, ainsi que 5o cavaliers volontaires. S.E. le comte Bertrand auquel j'ai adressé plusieurs rapports sur l'Italie, et le marquis d'Osmont a été exactement informé de mon zèle pour le respect de cette frontière que je maintiendrai intacte, malgré les démonstrations des troupes piémontaises.

« Je me flatte que V.E. n'apportera aucun changement à mon sort, l'assurant que mon dévouement, mon intelligence et mon zèle seront activement usités pour le service de l'Empereur. J'ai déjà eu l'honneur d'adresser à V.E. deux adresses et une proclamation que les circonstances m'ont dictées. »

Pour l'instant la lettre fut bien agréée ; Songeon reçut du ministre de la Guerre l'avis que Napoléon Empereur avait fait choix de sa personne, le 12 avril, pour commander comme maréchal de camp le département du Mont-Blanc, nomination confirmée par une autre lettre du 14 avril émanant du service d'étatmajor, quand lui parvint un contr'ordre du 15 avril ainsi conçu :

« Général, j'ai l'honneur de vous prévenir qu'en vertu des dispositions arrêtées ce matin par l'Empereur, vous êtes remplacé dans le commandement du département du Mont-Blanc par le maréchal de camp Pouchain. Cet officier reçoit l'ordre de se rendre en poste à Chambéry. D'après cette mesure, vous rentrez dans la classe des officiers généraux en non activité et disponibles. »

Ces changements à vue n'étaient pas rares chez Napoléon, si pénibles qu'ils fussent pour leurs victimes. Il était motivé ici par l'adoption d'un plan du général Dessaix d'établir un corps d'observation ou armée des Alpes prête à résister à une nouvelle invasion par l'Italie et placée sous les ordres du maréchal Grouchy qui venait de conquérir ce titre par l'entière pacification du Midi.

Le quartier général devait être à Chambéry pour une 23ème division militaire que vint de suite commander Dessaix à la date du 21, avec mission d'exercer une surveillance très active sur la frontière et sur tout ce qui se passerait en Ilalie, en Piémont, en Savoie et en Suisse. Dans son premier rapport du 20, ce général dut constater le grand nombre de résistances à l'appel et de désertions, il en rendait le clergé responsable, et c'était aussi pour y remédier qu'il avait proposé de remplacer Songeon par le général Montfalcon plus actif et plus entreprenant à remédier aux manquants que son prédécesseur n'avait pu que signaler.

En attendant son successeur, Songeon continua son service et prit part, le 18 et le 19, aux fêtes qui eurent lieu pour le retour du brave 7ème de ligne. « Il assista à un nouveau banquet suivi de toasts à S.M., à la famille impériale et de chants patriotiques, garants des nouvelles destinées de la France. » (Journal Le Mont-Blanc.)

Le commandant en chef Grouchy vint à Chambéry le 25 avril, niais il n'y séjourna que quelques jours, ayant été appelé à la Grande Armée, et ce fut le maréchal Suchet duc d'Albufera qui le remplaça et qui insista à son tour pour que le maréchal de camp fût remplacé. Il obtint le 5 mai que Songeon serait affecté comme adjoint à l'inspecteur général de cavalerie des 14ème et 15ème divisions militaires (Caen et Rouen).

On lui donna pour aide-de-camp le lieutenant retraité Guillet (sans doute Aimé Guillet, originaire d'Annecy) et il dut aller habiter Paris et attendre un chef qui n'était même pas désigné dans cet emploi fictif destiné à lui assurer solde entière.

Il fit alors de nouvelles démarches pour être remis en activité, réclamant contre son humiliation de rester inemployé et sollicitant avec instance de combattre l'envahissement de la France. On se décida le 12 juin, pour répondre aux intentions de l'Empereur, à le mettre à la disposition du lieutenant-général Darricau, pour être employé au commandement des fédérés tirailleurs de la garde de Paris. C'était le jour même où Napoléon quittait Paris pour aller à Waterloo !

D'ardents bonapartistes industriels des faubourgs de Paris avaient eu l'idée, dès le retour de Napoléon, d'enrôler, sous le nom de fédérés, leurs ouvriers non portés sur les contrôles de la garde nationale, mais dont les ateliers pourraient être fermés, qui demandaient d'être armés et organisés pour combattre comme éclaireurs et tirailleurs aux abords de la capitale.

Dans les partis bourgeois et militaires, la garde nationale et les officiers s'y opposaient dans la crainte de contact avec des éléments sujets au désordre. L'Empereur cependant, par esprit de popularité contre les alliés, autorisa leur rassemblement qui eut lieu à Paris, le 24 mai. Ils vinrent au nombre de douze à quinze mille, des faubourgs Saint-Antoine et Saint-Marceau, en habits de travail et sans armes, et Napoléon parcourut leurs rangs aux cris de : Vive la nation, vive la liberté, vive l'Empereur ! Il leur fit un discours pour montrer à l'Europe coalisée quelles forces redoutables il laissait derrière lui et en acceptant leur offre : « Je vous donnerai des armes et des officiers couverts d'honorables blessures et accoutumés à voir fuir l'ennemi devant eux. J'ai confiance en vous. Vive la nation ! »

Quelques jours après, un décret impérial ordonna la formation de 24 bataillons de fédérés de la garde nationale, équipés et habillés aux frais de la ville ; l'armée de ligne devant leur fournir des cadres d'officiers.

Le général Darricau était désigné pour les commander en chef. Agé de 60 ans et ancien enrôlé volontaire, il avait fait le siège de Toulon, les campagnes d'Italie et d'Allemagne, d'Egypte, de la Grande Armée et contribué au triomphe de Friedland, puis il avait conquis en Espagne son grade de général divisionnaire. S'étant fait remarquer encore à la bataille de Toulouse, il était commandant supérieur de Perpignan et il venait de rallier à l'Empire tout le département des Pyrénées-Orientales quand il fut appelé à Paris et s'occupa d'organiser ses fédérés avec activité.

Leur uniforme était un habit bleu très court, avec collet jaune et pantalon blanc.

Napoléon avait abdiqué le 22 juin et le maréchal Davout, chargé par la commission provisoire de défendre Paris le 29, avait avec lui une armée de 70.000 hommes et 8 à 9.000 fédérés, presque tous anciens soldats. Le gouvernement avait décrété le 28 que les approches de la capitale seraient seules défendues par les troupes de ligne, les tirailleurs devant leur servir d'auxiliaires pour la défense des postes les plus rapprochés de la place. On ne leur distribua des fusils que le 1er juillet, alors que les troupes ennemies étaient déjà en vue le 3o juin et que l'armée de défense pouvait soutenir une lutte glorieuse contre les Anglo-Hollandais et les Prusso-Saxons, seuls assaillants. Le commandant en chef Davout sollicita néanmoins un armistice qui fut refusé ; il songea alors à reprendre l'offensive contrariée toujours par le gouvernement. Seule, la division Exelmans entra en ligne le 1er juillet et remporta un premier succès, mais dut quand même se retirer sur Montrouge où les fédérés étaient campés.

Le 2 juillet eut lieu l'occupation de Versailles et le combat de Sèvres, où les tirailleurs harcelèrent vivement l'ennemi sur le flanc et sur les derrières et l'empêchèrent d'avancer. Le 3 juillet, les Prussiens recommencèrent l'attaque des ponts de Sèvres quand l'armistice mit fin aux hostilités. Songeon avait organisé la brigade de la Place Royale et l'avait conduite à la Villette.

Les fédérés s'étaient bravement conduits ; mais, par ordre du gouvernement, un ordre du jour décida qu'ils seraient licenciés et cesseraient de porter leur uniforme ; ceux de Belleville protestèrent et refusaient d'abandonner leurs canons et il fallut tout le sangfroid de la garde nationale pour apaiser les mécontents. L'art. 7 de la Convention portait que les officiers de ligne employés avec les fédérés ou les tirailleurs de la garde nationale pourraient ou se réunir à l'armée qui devait se retirer au-delà de la Loire, ou retourner dans leurs domiciles ou dans le lieu de leur naissance.

Songeon ne pouvait hésiter à opter pour ce dernier parti, car il venait d'être avisé, probablement non sans peine, qu'à ses chagrins patriotiques, s'ajoutait un cruel deuil de famille. Sa femme était morte à Annecy le 28 juin, au moment où l'ennemi occupait déjà Genève et Carouge.

Un de ses parents J.-J. Songeon lui en fit part d'Annecy le jour même... « Elle a souffert tout ce qu'on peut souffrir et toujours avec une patience vraiment héroïque. Elle a payé le tribut à la nature ce matin sur les deux heures, après avoir reçu le Saint Viatique dans les plus grands sentiments de piété. Cette tendre épouse a rempli sa carrière de vertus qui l'ont fait généralement estimer et dont elle reçoit sans doute à présent la juste récompense. »

« Je demande, écrivit-il au ministre, un congé pour me rendre à Annecy, ayant appris la nouvelle du décès de ma femme et l'abandon de mes propriétés. Ma présence n'est pas nécessaire à Paris où le général Darricau a six généraux sous ses ordres. »

Le Ministre de la Guerre prince d'Eckmuhl lui délivra le 3 juillet même, à la barrière d'Enfer, un congé pour affaires particulières, et le même jour ses bureaux d'état-major en avisèrent le lieutenant-général commandant la 7ème division avec mention que le maréchal de camp Songeon était autorisé à se rendre dans ses foyers à Annecy, où des affaires de famille exigent sa présence. Il sera à votre disposition et vous pourrez l'employer suivant les besoins du service. »

Des difficultés durent surgir pour traverser les lignes ennemies, car il dut obtenir un ordre du nouveau ministre le maréchal Gouvion St-Cyr du 18 juillet, qui réglementait ainsi sa situation à Annecy. « Vous y attendrez les ordres que je donnerai pour votre destination ultérieure. J'aurai égard au déplacement que vous avez éprouvé, et. je vous ferai porter sur le tableau des officiers généraux à mettre en activité. »

En homme prudent, il profita de ce retard pour aller à Saint-Denis le 8 juillet au-devant du Roi qui rentrait dans sa capitale entouré de nombreux généraux.

Le 19 juillet, le baron Frimont, commandant l'armée autrichienne, lui délivrait un passeport allemand, motivé par le décès de sa femme, qui fut visé le 20 à Nevers par le prince de Cobourg.

Son départ coïncidait ainsi avec le licenciement de l'armée qui finit cette douloureuse époque et que Macdonald qualifiait de suprême humiliation. Etait-elle bien nécessaire ?

Quand il arriva en Savoie vers le 25 juillet, Songeon trouva le département du Mont-Blanc occupé militairement par l'armée alliée d'Italie, commandée par le comte Bubna et administrée par une commission départementale pour remplir les fonctions de préfet absent désignée par le baron Reviczky, intendant de l'armée. M. le marquis d'Oncieu de la Bâtie en fut nommé président. Cette commission entra immédiatement en fonctions pour subvenir aux ordres de réquisitions de toute nature qui ne tardèrent pas à affluer. Elles étaient lourdes et promptes, sous la menace de garnisaires et comprenaient depuis l'argenterie, les chevaux, les voitures, les dîners, les soupers, les papiers, les chandelles, les rations, jusqu'aux chemises, guêtres, caleçons et pantalons, les impôts extraordinaires portés au double des ordinaires. Cela dura cinq mois, pendant que se préparait le nouveau traité de Paris, retardé par les prétentions de Metternich, mais qu'on savait devoir rendre le duché entier au roi de Sardaigne. Toutefois à dater du 3 août, le baron Finot reprit ses fonctions de préfet en vertu de la Convention du 24 juillet qui rétablissait l'autorité du Roi dans tous les départements et le port de la cocarde blanche.

Le duc de Feltre (Clarke (H.J.G.), comte d'Hunebourg, duc de Feltre, maréchal de France, était né en 1765 d'une famille irlandaise réfugiée en France avec les Stuarts. Ancien cadet de l'école militaire, il était déjà général de brigade en 1792, chef du bureau topographique, général de division en 1795, employé dans diverses missions d'ambassade, gouverneur de Vienne, puis de Berlin, ministre de la Guerre de Napoléon jusqu'à la capitulation de Paris ; en 1814 il envoya son adhésion au Roi et lui resta fidèle. Son zèle excessif obligea Louis XVIII à s'en séparer en 1817. Sa position fut alors très pénible : honni par les royalistes comme par les bonapartistes, il alla mourir de chagrin en Alsace en 1818. Il possédait à fond l'administration militaire, connaissait plusieurs langues et écrivait avec clarté ; il avait pourtant mérité pour l'Empire le reproche de n'avoir pas été plus constant que la fortune), revenu de Gand avec Louis XVIII, avait repris le 4 mars le ministère de la Guerre et il avait la tâche difficile de licencier l'ancienne armée, d'en créer une nouvelle, de prononcer sur le classement de 9.000 officiers, de régler les soldes arriérées, d'organiser la garde royale, de reconstituer la gendarmerie, les cours prévotales, etc.

Songeon toujours en congé attendait patiemment d'être rappelé, car il n'avait que 44 ans quand il fut avisé le 1er septembre qu'il était mis en non activité.

CHAPITRE VII

La réforme. — La demande de naturalité. — La retraite. — Le séjour à Bourgoin. comme maître de la poste aux chevaux.
(1815-1830.)

Cette ordonnance du 12 octobre ayant créé une commission chargée d'examiner la conduite des officiers dans les événements des Cent Jours, il s'occupa de préparer sa défense dans un mémoire qu'il expédia le 20 novembre au duc de Bellune, président. Ce mémoire était appuyé de 10 pièces concernant les incidents d'Aix en 1814, et d'un certificat de son restaurateur de l'hôtel de la Parfaite Union, constatant qu'il avait refusé d'aller rejoindre Napoléon et s'était toujours déclaré lié aux intérêts du Roi par le devoir, l'honneur et la reconnaissance, soutenant en public que Napoléon allait perdre la patrie et l'armée. Il y avait en outre quatre autres certificats de Chambéry sur sa conduite au mois de mars ; les lettres de M. Devilliers prescrivant de rester à Chambéry ; celles du prince d'Eckmuhl confirmant et rapportant sa nomination au commandement du MontBlanc et enfin celle qui l'avait mis à la disposition du général Darricau.

Enfin il affirmait avoir prémuni le général Devilliers contre les instances perfides envoyées de Bourgoin par le colonel Labédoyère, en présence de MM. Durand, colonel en second du 11ème de ligne, Fournier, major du même régiment, et Montauzet, chef de bataillon du 7ème de ligne.

Malheureusement, à la même date du 20 novembre, était signé le second traité de Paris entre la France et les puissances alliées, qui ramenait les frontières de France à ce qu'elles étaient en 1790, sauf quelques modifications, comme par exemple des détachements de la Savoie au profit de la Suisse.

L'article 7 accordait aux habitants naturels et étrangers, dans les pays qui changeaient de maître, un espace de six ans pour disposer, s'ils le jugent convenable, de leurs propriétés, et se retirer dans tel pays qu'il leur plairait.

Le 17 décembre, le préfet Finot remettait ses pouvoirs au nouveau gouverneur de Sardaigne, le marquis d'Andezeno. Songeon, quoique latiniste, ne devait pas avoir souscrit à la médaille « Iteruin Félix », car il avait beaucoup de raisons pour revenir en France, ne fût-ce que pour sa position d'attente et pour se rapprocher de ses fils, placés tous deux dans le même cas de licenciement. Il imitait d'ailleurs en cela 425 Savoyens, marchands établis en France, anciens fonctionnaires ou soldats de Napoléon, qui renoncèrent à leur nationalité piémontaise. Dans le nombre étaient Curial, Berthollet, Fodéré, Tochon, Bouvard et Nicollet. (Plaisance. Histoire des Savoyens.)

Bien lui en prit d'ailleurs, puisque les anciens officiers soumis en France à une simple surveillance furent soumis en Savoie à un traitement plus humiliant, celui de se présenter tous les huit jours devant le commandant de place. Un certain nombre même, comme l'illustre Dessaix et autres, furent arrêtés et détenus dans les forts, sans qu'on les eût jugés.

Il s'occupa de réaliser ses propriétés peut-être déjà ébréchées, et vint s'installer au début de 1816 à Seyssel, dans le département de l'Ain, pour pouvoir achever celte liquidation, après avoir obtenu l'autorisation provisoire des généraux commandants le département et la 6ème division à Besançon, accordée le 14 janvier.

Seyssel, par la vallée du Fier, était en communication facile avec Annecy et en relations fréquentes avec Nantua, son lieu d'éducation, dont il dut retrouver d'anciens camarades. C'est ce qu'il écrivait le 24 janvier au duc de Feltre, ministre de la Guerre : « J'ai retrouvé dans l'Ain de nombreux condisciples et je puis jouir à Seyssel des productions de mon jardin d'Annecy ».

On peut dire qu'à cette date, en quittant la Savoie, son rôle militaire était terminé, à 44 ans avec 27 ans de services actifs, 26 campagnes et 4 blessures.

Bien qu'il n'eut pas perdu tout espoir de réintégration, il va chercher dans la vie civile un autre emploi de ses facultés, en bon Savoyard qui ne veut pas rester oisif. Nous avons d'autre part fait remarquer que dans le service d'aide-de-camp, dans ses emplois d'état-major, il avait appris l'art équestre au point d'être considéré comme un bon écuyer. Une circonstance ne tarda pas à naître qui lui permit d'en faire usage.

Après les troubles suscités à Lyon et dans le Midi par la Terreur blanche, les discussions législatives sur la loi d'amnistie relative aux événements des Cent Jours que le Roi voulait étendre, mais à quoi la Chambre des Députés s'opposa en exigeant le bannissement des Conventionnels, le fonctionnement des cours prévôtales avaient soulevé dans le pays une assez vive agitation qu'il fallut surveiller ; les Préfets furent chargés d'organiser des gardes de police à cheval, troupe d'élite choisie parmi les personnes qui montreraient le plus d'attachement au Roi et au Gouvernement, destinée au maintien de la tranquillité politique et à l'exécution des ordres de Sa Majesté. Ils devaient être habillés, équipés et armés à la diligence des municipalités.

Le canton de Seyssel devait en comprendre, s'il était possible et le sous-préfet de Belley obtint du maréchal de camp Songeon en demi-solde de les commander provisoirement, après les avoir organisés de concert avec les maires du canton. C'était un emploi bien modeste pour son grade qui fut même mis en chanson, mais qui lui valut des certificats très élogieux de M. de Villeneuve, maire de Belley, où il remplit aussi l'emploi d'organisateur de la garde nationale, du chevalier des Escherolles, sous-préfet de Belley, du procureur du roi Jordan, du baron du Martroy, préfet de l'Ain, et enfin du général Dupeyron commandant le département.

On y signalait son zèle et son dévouement à la cause des Bourbons et son activité à améliorer l'esprit public.

Cela ne fut pas inutile, car pour pouvoir rester en France, il devait observer l'ordonnance royale du 5 juin 1816 qui l'obligeait, comme étant né hors du territoire actuel du royaume, de se faire naturaliser Français pour jouir du traitement de réforme. Il lui fallait de plus bénéficier de la décision du 6 juillet 1816 spéciale aux officiers qui avaient servi l'usurpateur pendant les Cent Jours, pour que ce ne fût pas un obstacle à sa naturalisation, parce qu'il était déjà en activité dans le royaume au 1er mars 1815, et se trouvait dans le cas d'amnistie votée par la loi du 12 janvier 1816.

Sa pétition du 8 février avait été transmise au ministre de la Guerre le 6 août, avec un rapport de ses bureaux constatant que la commission d'examen chargée des dossiers de tous les officiers l'avait rangé dans la 14ème catégorie, c'est-à-dire la dernière, comprenant ceux qui ne devaient pas être rappelés ; qu'il avait été nommé par Buonaparte, à Lyon, le 13 mars commandant du département du Mont-Blanc ; qu'il en avait reçu le même jour des dépêches pour l'Impératrice Marie-Louise et les avait fait parvenir au comte Bubna ; qu'il avait servi dans les fédérés de Paris et qu'il n'était pas susceptible d'obtenir les lettres de naturalisation qu'il sollicitait. Le ministre duc de Feltre écrivit lui-même en apostille : « Les lettres du général Songeon prouvent avec quel transport il a servi Bonaparte, quoique sa qualité de Savoyard pût l'en dispenser.., il faut aviser à lui régler sa retraite. »

A ce reproche bornons-nous à opposer qu'en 1815, Songeon était de la Savoie encore française et que l'opinion des Savoyards ne pouvait se désintéresser de celle de la France, pour ceux qui en étaient encore sujets.

En même temps que leur père, les deux fils Songeon en demi-solde s'étaient retirés à Pézenas, après qu'on leur eût refusé d'aller rejoindre leur père à Seyssel ; eux aussi avaient demandé des lettres de naturalisation, mais le même ministre de Feltre avait conclu en sens contraire, pour avoir servi l'usurpateur.

Malgré ses bons certificats, leur père, reçut du ministre l'ordre de venir résider à Montpellier (avant de partir de Belley, il vendit 1.200 fr. sa calèche au sous-préfet des Escherolles, qui lui fit mille tracasseries avant de le payer. Songeon crut devoir s'en plaindre au ministre). Il y était à peine arrivé vers le 15 septembre 1816 qu'une décision du Roi du3o octobre lui accorda une solde de retraite de 4.000 francs mais la lettre d'avis ministérielle ne lui fut expédiée que le 10 janvier 1817. Le même jour et malgré l'avis favorable du vicomte de Briche, lieutenant-général commandant la 7ème division militaire, le duc de Feltre transmettait au grand chancelier la demande de naturalisation, toujours avec avis contraire.

Heureusement qu'à ce moment là le duc de Feltre avait perdu tout crédit et que le Roi allait s'en séparer : le garde des sceaux Pasquier fit rendre le 30 janvier une admission de lettres de naturalité qui furent lues, publiées et enregistrées par arrêt de la Cour de Montpellier le 27 février 1817, l'admettant à jouir des franchises, privilèges, droits civils et politiques dont jouissent nos vrais et originaires sujets.

Quelques jours après, rendu ainsi à sa liberté, il déclarait se retirer à Lyon (il y demeurait rue de la Barre n° 8 et la cour prévôtale continuait d'y exercer ses rigueurs jusqu'à l'arrivée du duc de Raguse, qui fit cesser cette terreur), à compter du 1er mars. Il devait penser s'y installer à demeure, car il faisait à la douane le 1er avril la déclaration de son mobilier et de sa bibliothèque à faire venir d'Annecy ; il envoyait aussi au maire ses offres de service, soit pour concourir à la célébration de la fête de Saint-Louis, soit pour contribuer au maintien de la tranquillité publique en marchant à la défense de la royauté légitime, si la malveillance cherchait de nouveau à lui porter atteinte.

Lyon - 8, rue de la Barre vers 1905
Sous la colline de Fourvières

Il devait probablement chercher un emploi quand une circonstance très importante pour sa vie le lui offrit sous la forme d'un nouveau mariage avec la fille du maître de la poste aux chevaux de Bourgoin, Marie-Anne Bouvier, née à Grenoble le 4 août 1786.

Le mariage fut célébré à Bourgoin le 9 octobre 1817 et il dut prendre immédiatement la suile des affaires de son beau-père.

M. le Chevalier
de Songeon
Jean-marie
&
Dame Marie
anna
Bouvier

L'an mil huit cent dix-sept, le neuf octobre à huit heures du soir, par devant nous, premier adjoint de M. le maire, officier de l'état civil de la ville de Bourgoin, département de l'Isère, sont comparus M. de Songeon, Jean-marie, âgé de quarante-six ans, né à Annecy, Sardaigne, ... Maréchal de camp des armées du Roi, Chevalier des ordres royaux et militaire de St Louis et de la légion d'honneur, notaire résident à Lyon rue la Barre n°8, fils majeur de feu M. Jean philibert Songeon, et de feue Dame Jeanne Claudine Burdet, décédée à Annecy, savoir : le premier le vingt trois méridor an douze et le second le ... mil huit cent quatre-vingt-neuf, ... & de Dame Jeanne Sergentin, décédée au même lieu le vingt huit juin mil huit cent quinze, ... d'une part ; et Demoiselle Marie anna Bouvier, âgée de trente un ans, née à Grenoble résidant à Bourgoin, fille mineure de M. Jacques Bouvier, propriétaire et maître de la poste aux chevaux à Bourgoin ; et de Dame Marie anna Guichard, mariés, résidant audit Bourgoin, ici présents ; lesquels futurs époux nous ont requis de procéder à la célébration du mariage projeté entre eux, dont les publications ont été faites devant la principale porte de cet hôtel de ville les dimanches vingt un et vingt huit septembre dernier, l'une et l'autre à l'heure de midi conformément à la loi, et à Lyon les vingt un septembre et cinq du présent mois, sans opposition, ainsi qu'il est constaté par le certificat ci-joint de M. le officier de l'état civil de la dite ville ; aucune opposition à ce mariage ne nous ayant été signifiée, faisant droit à leur réquisition, Revenu du dit futur époux, agé des dits futurs époux a été faite, et les père et mère de la future époux ... leur consentement, la future époux à déclaré ne pouvoir produire les actes de décès de son aïeul et aïeule faute de connaître le lieu de leurs père et ... de leurs derniers domicile, ce qu'il a affirmé avec serment, ainsi que les quatre témoins ici présents qui ont fait le même déclaration ; après avoir donné lecture de toutes les pièces ci-dessus mentionnées, ainsi que du chapitre six du titre du code civil, intitulé du mariage, avons demandé à M. le futur époux et à la Dame future épouse, s'ils veulent se prendre pour mari et femme, chacun d'eux ayant répondu séparément et affirmativement, avons au nom de la loi que M. le Chevalier de Songeon Jean-marie, et Demoiselle Bouvier, marie anna, sont unis par le mariage ; de tout ce avons dressé acte en présence de M. Jean baptiste Chatain Laperre, âgé de quarante ans, Chevalier de la légion d'honneur, Capitaine Retraité, beau-frère de l'épouse ; de M. jean Baptiste Bouvier, âgé de Vingt sept ans, médecin, frère de l'épouse ; de M. jean antoine françois teanchaud, âgé de soixante un ans, propriétaire ; et de M. Luc antoine Meynier, âgé de soixante cinq ans, médecin ; résidant tous à Bourgoin ; lesquels après qu'il leur en a été donné lecture, l'ont signé avec nous, les époux, le père et la mère de l'épouse et ... témoins.

Le Chevalier Songeon   Mutte Bouvier   V. T. Bouvier

Chatain Laperre   Bouvier, née Guichard

Bouvier   Chatain-Laberre   Teanchaud   Meynier

L'année suivante, il fit peindre son portrait à l'huile par le peintre E. Moreau, de Chambéry, élève de David, qui le représente en grande tenue de maréchal de camp, au milieu des ruines de Saint-Sébastien. Cette idée fictive n'était pas du meilleur goût, mais le choix du portraitiste fut heureux pour la ressemblance du modèle, abstraction faite des accessoires disproportionnés qui sentent le mannequin.

Le 3 septembre, il eut aussi la joie de voir naître son troisième fils (qui se signala d'abord comme républicain dans les journées de février 1848, de 1849 et fut obligé de se réfugier en Belgique jusqu'en 1861. Après avoir pris part à la défense de Paris en 1871, il siégea au Conseil municipal de celte ville et en fut président. Plus tard, élu sénateur de la Seine, en remplacement de Victor Hugo en 1885, il siégea à l'extrême gauche, vola silencieusement avec ce groupe et mourut le 17 février 1889), Jacques-Nestor-Lucius, qui devait jouer un rôle fort peu royaliste plus tard. **Ce fut lui qui fit ériger le monument funéraire de son père à Houdan.**

On sait que la poste, créée en France par Louis XI en 1464 comprenait à l'origine la poste aux chevaux, les messageries et la poste aux lettres ; elle était d'abord exclusivement créée au service du Roi et ce fut Richelieu qui la mit à la disposition du public ; mais ce fut la Convention qui sépara la poste aux chevaux de la poste aux lettres.

Les maîtres n'exerçaient qu'en vertu d'un brevet du gouvernement et, comme astreints à disposer d'une cavalerie souvent importante avec tous ses équipages, ils appartenaient à la bourgeoisie disposant d'une certaine aisance ; c'était donc une fonction honorable où le maréchal de camp retraité pouvait entrer sans se compromettre.

Le service de Bourgoin devait avoir une certaine importance, car il desservait deux routes : celle de Lyon au Pont-de-Beauvoisin (et en Savoie), 9 postes, et celles de Lyon à Grenoble par Rives (13 postes).

L'ancien établissement était situé sur la route de Lyon, près du pont de Biou ; mais Songeon le trouvant sans doute mal établi, acheta un terrain qui avait dépendu de l'ancien clos des Augustins pour y faire construire une maison beaucoup plus importante qui subsiste encore aujourd'hui.

BOURGOIN. - Le Collège Universitaire

C'est le collège qui appartient à la ville et qui a conservé la disposition primitive ; maison de maître au fond d'une cour ; deux ailes perpendiculaires et parallèles qui servaient d'écuries, terminées aux extrémités sur la rue par deux pavillons où étaient logés les postillons. Une grille en bois sculpté allant d'un pavillon à l'autre fermait la cour au Nord sur la place des Augustins.

Le général avait installé cette habitation d'une manière luxueuse pour l'époque et imprégnée de ses anciens souvenirs de Rome et d'Espagne. Il avait fait appel à des artistes italiens pour en rehausser le décor ; les uns avaient couvert de fresques les trois pièces principales du rez-de-chaussée ; à droite, le grand salon qui tenait toute la largeur, offrait les douze dieux de l'Olympe, et en face de la cheminée monumentale une peinture représentant Apollon, conduisant le char du soleil. Au plafond une coupole et des compartiments en trompe-l'oeil, ornés d'attributs musicaux isolés ou soutenus par des amours. Sur le sol une mosaïque couvrant la pièce entière avec une lyre au centre et des jeux d'autres instruments sur les côtés. Sauf les fresques et tableaux, cette pièce a été bien conservée.

Le passage du centre, séparant le salon de la salle à manger, était aussi garni de fresques non apparentes aujourd'hui comme ayant été recouvertes de badigeons par les acquéreurs anciens. Il contenait au plafond deux toiles décoratives, dont l'une représentait le colonel Songeon du 53ème de ligne au camp de Gradisca, dans le Frioul autrichien, en 1807 ; l'autre, Mme Songeon, devant son piano, entourée de ses deux fils en uniforme, qu'un valet venait servir dans une pièce donnant sur un lac qui doit être celui d'Annecy. Ces décors antérieurs à la nouvelle construction avaient dû être amenés d'Annecy, car ils doivent dater de 1807 à 1810. Ils ont disparu plus ou moins frauduleusement, mais nous avons pu en retrouver d'anciennes photographies et les reproduire.

La salle à manger à gauche était aussi tendue d'une mosaïque à l'italienne où figurait le blason du chevalier Songeon ; il est regrettable qu'elle ait été détruite.

Le fronton de la porte d'entrée les porte encore sculptées sur la pierre, mais faussement coloriées.

Le balcon à décor ogival de la fenêtre centrale du premier étage porte encore le monogramme de J. C. S.

Un certain nombre d'autres peintures ou moulages en plâtre ou en stuc, vendus par le général avec la maison à son départ de Bourgoin, ont été dispersés depuis, mais aucun ne paraît avoir concerné directement sa personne.

Avec son naturel familier et ses habitudes communicatives, il s'entendit très bien avec la population en sachant mériter aussi les bonnes grâces de l'administration, car, en 1821, le maire, M. Gensoul, lui annonçait avec félicitation que, sur sa proposition, le préfet de l'Isère venait, par arrêté du 21 avril, de le nommer membre du Conseil municipal de Bourgoin, assemblée qui sera jalouse d'avoir pour collaborateur un membre aussi zélé et aussi digne de lui être associé.

Ce nouvel honneur, le premier depuis sa disgrâce, lui causa-t-il quelque ivresse, on serait fondé à le croire d'après l'incident tragi-comique qui ne tarda pas à surseoir, mais qui se dénoua en moins de huit jours.

Le 24 décembre 1821, le maître de la poste aux chevaux de Bourgoin recevait de Lyon par la poste une lettre signée Buisson, datée de la prison dite de Roane, dont l'auteur se dévoilant comme prince de la Sisterna, proscrit par la Maison de Savoie, que ses ancêtres avaient si noblement servie, qui venait d'être arrêté à Lyon comme soupçonné d'être un fugitif espagnol et s'attendait à être livré à l'Espagne, où sa personne serait reconnue et livrée au Piémont. Avant son transfert, mais en toute urgence, il avait un secret à communiquer pour sauvegarder sa fortune et sa vie peut-être et ne pouvait la confier qu'à un chevalier de la Légion d'honneur. Pour communiquer avec lui en secret, il demandait qu'on lui fit parvenir dans une volaille l'adresse à laquelle il aurait à faire connaître les moyens de l'approcher sans éveiller de soupçons. Cent mille francs étaient promis pour ce signalé service, à titre de début, pouvant un jour augmenter. Le maître de poste pensa que sa fonction l'appelait de suite à en référer au parquet, où il fut reçu par le procureur du Roi, ancien officier supérieur de cavalerie, chevalier de l'Ordre royal et militaire de Saint-Louis, d'après l'entête de son papier à lettre.

Au vu d'une correspondance si compromettante (elle pouvait en effet paraître se ramifier aux troubles qui amenèrent, en mars 1821, l'abdication du roi de Sàrdaigne, VictorEmmanuel Ier, et l'avènement de Charles-Félix), le procureur ne pouvait avoir un instant d'hésitation. Le 27 décembre il écrivit au Procureur général : « M. le général de Songeon m'a communiqué ce malin la lettre qu'il aura l'honneur de vous présenter ; elle nous a paru être d'une nature assez importante et assez pressée pour que nous eussions pensé qu'il devait de suite partir pour Grenoble ; après en avoir pris connaissance, vous jugerez s'il n'est pas nécessaire qu'elle soit aussi communiquée à M. le Préfet. »

Le parquet général, peu soucieux de pénétrer celle ténébreuse affaire, adopta ce dernier parti et renvoya le maître de poste au préfet de Lyon, dont il obtint audience le 30 au matin.

Dans l'après-midi, on lui remettait le document qui suit.

« Monsieur, je viens de faire rechercher d'où pouvait venir la lettre que vous m'avez fait l'honneur de me présenter ce matin. Il n'a pas fallu beaucoup de temps pour m'assurer que, comme je l'avais prévu, c'était une mauvaise pièce d'un escroc de prison, ce qu'en terme d'argot on appelle lettre de Jérusalem.

Cette lettre a été écrite par un nommé Cummait, sous .la dictée de Buisson, tous deux signalés comme des plus mauvais sujets des prisons et que j'ai fait depuis peu de temps transférer de Saint-Joseph à Roanne.

Il n'a même pas été nécessaire pour parvenir à cette découverte d'avoir recours à la volaille sur laquelle Buisson avait compté et qui, je crois, était le seul objet de cette fourberie. »

Ce genre de piège existe encore aujourd'hui et nous apprenons par les journaux qu'il continue à faire des dupes ; mais pouvait-on s'attendre que, même en 1821, deux anciens officiers supérieurs et le parquet général s'y sont laissé surprendre et ont failli instrumenter ? Quant au maître de poste, sa naïve crédulité fut punie par ses déplacements, ses frais de route et l'aveu d'une dérision dont il garda le souvenir pour ses enfants.

Une meilleure circonstance politique se produisait en même temps pour réchauffer son zèle : ce fut l'avènement au 15 décembre 1821 du ministère Villèle, dont faisait partie le maréchal Victor, duc de Bellune, qu'il avait connu en Espagne et en Italie ; il s'empressa de le complimenter.

« Vos anciens services, répondit le ministre, vous donnent des droits à ma biemreillance, et je serai flatté de vous témoigner mon souvenir en faisant quelque chose pour vos enfants, dès que les circonstances le permettront. » (Lettre du 5 janvier 1822.)

Malheureusement, durant cette même année 1821, des soucis plus graves et plus intimes l'avaient assailli. Dès le début de l'année, sa seconde femme ayant à se plaindre de cette union par **un traitement qui serait allé jusqu'aux sévices**, avait quitté son mari et introduit une demande en séparation de corps et de biens, qui était pendante devant le tribunal de Bourgoin et où elle fut résolue affirmativement le 18 février 1822.

Au vide causé par celte séparation, vint s'ajouter le 3 février 1823 un deuil cruel, par le décès de son deuxième fils, **Louis-Joseph**, né à La Roche le 1er mars 1796, élève du lycée d'Angers et du Prytanée de La Flèche. Entré à Saint-Gyr le 20 mai 1813 ; sous-lieutenant au 25e de ligne du 22 décembre 1813 au 20 septembre 1815 ; en non activité du 20 septembre 1815 au 18 janvier 1819 ; fils d'un père naturalisé, cet officier encore mineur, bien que né dans le Léman devenu étranger, pouvait se croire naturalisé de fait, il eut de la peine à le faire admettre par Clarke, pour pouvoir toucher sa demi-solde retirée aux non naturalisés. Admis pour l'état-major par ordonnance du 20 janvier 1819 ; sous-lieutenant aide-major aux chasseurs à cheval de la Dordogne (9ème régiment), du 1er mai 1819 au 15 août 1820 ; lieutenant à la Légion des Hautes-Alpes (3ème léger), 16 avril 1820-14 octobre 1822 ; campagne de la Grande Armée en France en 1814 ; campagne de l'armée de la Loire en 1815 ; décédé à Bourgoin le 3 janvier 1823. Son frère aîné, **Jean-Guillaume**, né à Annecy le 28 septembre 1792, élève de Saint-Cyr en 1812, sous-lieutenant au 155ème en 1813, partit pour la Grande Armée. Blessé à Vachau, il fut fait prisonnier par les Russes à Leipzig. Rentré en 1814, il est sous-lieutenant au 50ème de ligne, licencié en 1815, reparait comme lieutenant au 30ème en 1825, capitaine en 1831, prend part à l'expédition d'Alger, chevalier de la Légion d'honneur en 1833, il est adjudant de place à Lyon en 1835 et à Grenoble en 1836 il est capitaine commandant les forts de Rabot et de la Bastille. Admis à la retraite vers 1850, il mourut en 1866), lieutenant aide-major au 4ème régiment d'artillerie à pied, qui vint mourir chez son père à Bourgoin, où il fut inhumé.

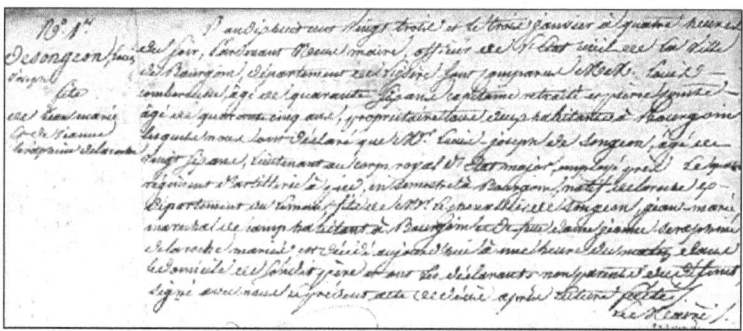

La bonne fée de sa profession lui procura en 1826 une rencontre des plus heureuses qu'il ne manqua pas d'inscrire sur son carnet pour la rappeler en 1830. Ce fut le passage à Bourgoin du duc d'Orléans, le futur roi Louis-Philippe, avec sa famille. Le maréchal de camp reparut ce jour-là en uniforme et lui rendit les honneurs avec les officiers en demi-solde, malgré le procureur du roi qui avait défendu cette marque de déférence.

Sa robuste santé s'était grandement altérée depuis 1825 où il avait été frappé **d'une attaque d'hémiplégie** dont les suites étaient considérées comme incurables ; il venait dé quitter son établissement quand les événements politiques vinrent à son aide.

CHAPITRE VIII.

Le séjour à Maulette.
La réintégration du Maréchal de camp.
La retraite définitive. — Le décès.
(1830-1834)

Les événements de Juillet 1830 venaient de se produire, le duc d'Orléans avait été proclamé roi des Français le 9 août, quand nous trouvons Songeon le 29 août à Paris, soigné par le docteur Pacthod et saluant l'avènement de Louis-Philippe.

Dès qu'il fut rétabli et par lettre du 25 novembre, il envoie une pétition au ministre de la Guerre, le maréchal duc de Dalmatie, pour êlre relevé de la retraite et placé dans le cadre de disponibilité. Il y rappelle que ce fut sous ses auspices qu'il fut nommé colonel au camp de Boulogne et promu général de brigade en 1813 et se réclame d'avoir organisé à Paris, place Royale, une brigade de tirailleurs fédérés à la tête desquels il était à La Villette.

Cette allusion opportune ne manqua pas son effet, car, le 22 mars 1831, sa demande de réintégration était agréée, et le 1er mai il recevait la rosette d'officier de la Légion d'honneur ; il faut avouer que c'était tardif, puisque ce grade lui avait été déjà déféré en 1805, mais subordonné à la vacance.

En attendant son rappel, il était venu s'installer au château de Maulette, près Houdan (Seine-et-Oise), pour y faire de l'élevage de chevaux, toujours en raison de ses goûts équestres. Ce château, fort délabré, subsiste encore tel qu'autrefois et appartient toujours à la même famille (Petau de Maulette). Formé d'un corps principal adossé à deux tourelles et baigné de douves dérivées de l'Opton, il est attenant à une ferme importante et habité par les fermiers. Des prairies attenantes se prêtent au genre de pâturage qu'on veut exercer.

Il venait de s'y installer avec peine en y sacrifiant le peu de ressources qui lui restait, quand il reçut le 29 août 1832 sa nomination comme maréchal de camp commandant le département de la Seine-Inférieure.

Il s'installa à Rouen, rue de Crosne, qui était alors hors la ville, mais pour si peu de temps que son passage et son nom sont inconnus aux Archives, m'a-t-il été répondu.

ROUEN — Rue de Crosne

C'est qu'en effet l'âge de la retraite était imminent, puisqu'il en fut atteint le 1er mai 1833, pouvant ainsi ajouter 10 mois seulement à ses années de service, et sans majoration, parce que sa pension de 4.000 francs atteignait le maximum. On lui alloua simplement un secours de 500 francs.

MAULETTE près Houdan (S.-et-O.) — Le Château

Revenu à Maulette, il faisait de fréquentes promenades à Houdan, quand il mourut le 14 septembre 1834, au château de Maulette, des suites d'une chute de cheval (l'acte de décès fut dressé à la mairie de Maulette). Il dut y être inhumé, mais en 1840, ses restes furent transférés au cimetière d'Houdan, ville autrefois célèbre par son patriotisme réputé, dans une concession à perpétuité, cédée par acte du 31 août, au nom de son jeune fils (Nestor), qui lui fit ériger une tombe, dont la dalle porte l'inscription ci-après :

**BLASON DU CHEVALIER
D'EMPIRE
A LA MÉMOIRE
DU GÉNÉRAL SONGEON
CHEVALIER DE L'EMPIRE,
OFFICIER DE LA LEGION D'HONNEUR,
CHEVALIER DE SAINT-LOUIS,
[DE L'ORDRE DE LA COURONNE DE FER, ETC.]
NÉ A ANNECY 3 AVRIL 1771
MORT A HOUDAN 3 SEPTEMBRE 1834
SAINT-DOMINGUE WAGRAM
AUSTERLITZ SAINT-SÉBASTIEN
DEUS FORTIS DEUS SABAOTH.
SON JEUNE FILS.**

Le blason est inexact au coupé où l'ananas est remplacé par un poisson en pal.

Par suite de son court séjour et de son isolement, son souvenir n'a plus d'autres traces dans le pays.

TABLEAU FAMILIAL SIMPLIFIE

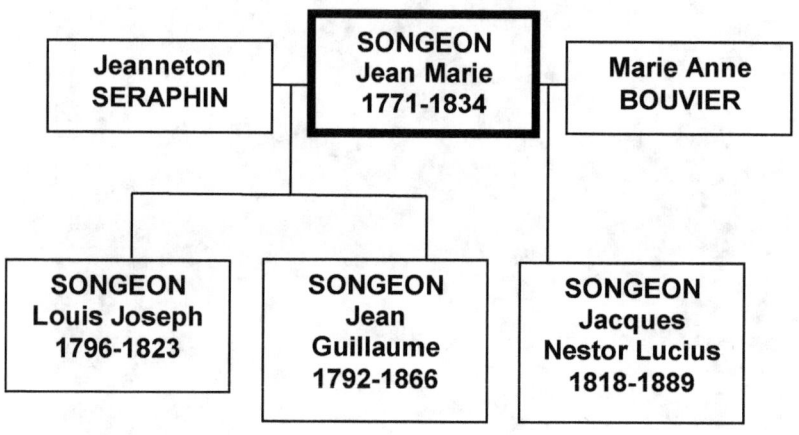

Jacques Nestor Lucius SONGEON

Avocat au 8, rue de la Cassette, il manifesta de bonne heure des opinions républicaines.

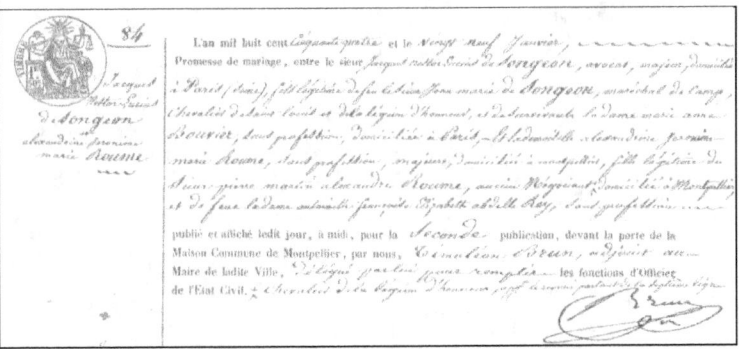

Dans la nuit du 23 au 24 février 1848, il fut du nombre des 800 gardes nationaux qui s'emparèrent de la mairie du XIe arrondissement et le lendemain, il fut élu secrétaire du comité. Il prit également part à la manifestation du 13 juin 1849 avec Ledru-Rollin et fut condamné à la déportation. Mais il s'était entretemps réfugié en Belgique dont il ne revint que plus de 10 ans plus tard en 1861.

Après le 4 septembre 1861, il se trouva avec les défenseurs du fort d'Aubervilliers à Paris.

En 1876, il fut élu conseiller municipal du quartier de Clignancourt à la place de M.CLEMENCEAU, siégea dans le groupe de l'autonomie communale et présida le conseil municipal. Candidat sénatorial dans la Seine en 1882, avec Victor HUGO, il échoua avec 80 voix sur 202.

Mais trois ans plus tard, en août 1885, il devint sénateur de la Seine par 337 voix sur 627 votants. Il prit place à l'extrême gauche de la Haute Assemblée et décéda en 1889 pendant sa législature

Il est inhumé au cimetière Montmartre, 17e division, avec son épouse Marie Roume et des membres de la famille Roume.

Le Messager du Midi 12 août 1885
Montpellier

INFORMATIONS DIVERSES

Le nouveau sénateur de la Seine

Le farouche Songeon, qui remplace Victor Hugo au Sénat, s'appelle en réalité M. de Songeon, car il est le fils du marquis de Songeon. Soixante ans environ, moustaches grises, visage maigre, front fuyant, nez porteur de lunettes à travers lesquelles on aperçoit un œil terne, sans vie. D'une laideur qui incarne à elle seule les Chauvelin, les Grimod de la Reynière, les Linguet et les Danton. Orateur? que nenni! — Écrivain? pas davantage.

Ce sous-médiocre fut pendant longtemps président du conseil municipal de Paris ; il représente les intérêts du quartier de Clignancourt.

Quel est l'objectif politique de M. de Songeon ? — Paris libre dans le département libre....

Quels sont ses titres à la confiance des radicaux ? — Combattant de février 1848 ; condamné à la déportation à la suite de la manifestation pour la république romaine en 1849 ; combattant sur la frontière avec Etienne Arago et Pyat, au 2 décembre 1851; en armes, au Corps législatif, au 4 septembre 1870 ; artilleur volontaire sous les ordres de Schœlcher ; conseiller municipal et général depuis dix ans.

Pour remplacer Victor Hugo au Sénat, il fallait un proscrit, dit le Gaulois. Or, M. de Songeon a été proscrit : il a vécu avec Victor Hugo à Bruxelles. De plus, le père de M. de Songeon, né la même année, engagé la même année (1791) que le père de Victor Hugo, a, comme lui, conquis le grade de général. Enfin, tout comme Victor Hugo, M. de Songeon est noble.

Voilà des titres sérieux !

Ajoutons que M. de Songeon, sénateur, nie au Sénat le droit d'exister !

MORT DE M. SONGEON

SÉNATEUR DE LA SEINE

Un vieux républicain, un brave et honnête homme qui a combattu pendant plus de quarante ans, le citoyen Songeon, sénateur de la Seine, s'est éteint hier dans son domicile de la place Vintimille.

Songeon était né à Bourgoin, dans l'Isère; il avait soixante-dix ans.

Reçu avocat, il ne voulut pas s'astreindre à la vie chicanière du Palais; il se lança dans le mouvement qui, commencé sous Louis-Philippe, aboutit à la proclamation du suffrage universel.

Dans la nuit du 23 au 24 février 1848, il fit partie des trois cents gardes nationaux qui s'emparèrent de la mairie du onzième arrondissement. Le 24, il envahit les Tuileries, d'où est chassé le père du duc d'Aumale. Le 25, il fut élu secrétaire du comité dont faisaient partie Ledru-Rollin, Louis Blanc, Guinard, Schœlcher.

Jean Guillaume de SONGEON
1792-1866

Né en 1792 de la première épouse de Jean Marie, il épousa Rose Olympe CADOU dont :
- Eugénie Victorine le 2/11/1837 à Grenoble, décédée en 1871 à Chambéry
- Céline Julie le 28/9/1833 à Grenoble, future épouse de Etienne Marie DAMAYE.

Elève en pharmacie en 1818, il devint comandant de la place et fortifications du Rabiot en Grenoble.

Il avait été élève de Saint-Cyr en 1812, sous-lieutenant au 155ème en 1813, partit pour la Grande Armée. Blessé à Vachau, il fut fait prisonnier par les Russes à Leipzig. Rentré en 1814, il est sous-lieutenant au 50ème de ligne ; licencié en 1815, il reparait comme lieutenant au 30ème en 1825, capitaine en 1831, prend part à l'expédition d'Alger, chevalier de la Légion d'honneur en 1833, il est adjudant de place à Lyon en 1835 et à Grenoble en 1836 il est capitaine commandant les forts de Rabot et de la Bastille. Admis à la retraite vers 1850, il mourut en 1866

Sa fille Eugénie épousa à Grenoble en avril 1856 son cousin André SONGEON, de 11 ans plus âgé, dont :
- Joseph Marie Emile en 1857 à Chambéry qui décéda à 31 ans dans cette même ville, avocat et célibataire ;
- Louis Jean Marie en novembre 1858 à Chambéry,
- Céline Marie Florence en mai 1860.

André était le fils de Joseph Marie Emile et de Florence LEBORGNE.

ETATS DE SERVICES

Archives historiques de la Guerre, N° 1598
Chevalier SONGEON, Jean Marie
Maréchal de camp

Né le 3 avril 1771 à Annecy en Savoie ; Engagé au corps de l'artillerie des colonies le 10 juin 1787 ;
Congédié le 15 octobre 1791 ;
Soldat au 5e bataillon de volontaires nationaux du Mont-Blanc le Ier mars 1793 ;
Capitaine le 7 juin 1793 ;
Elu lieutenant-colonel en second le 10 juin 1793 ;
Chef de bataillon à la 15e demi-brigade provisoire en 1794 ;
Chargé par le général en chef Bonaparte des détails de comptabilité, police et discipline delà 11e demibrigade de ligne le 21 avril 1796 ;
Chargé provisoirement par le général Kilmaine du commandement du Ier bataillon de la 14e demi-brigade de ligne le 13 décembre 1797 ;
Commandant du quartier général de l'armée de Naples le 26 janvier 1799 ;
Nommé par le général en chef Macdonald aide de camp du général Garnier le 16 mai 1799 ;
Confirmé dans cet emploi le 13 janvier 1800 ;
Chargé de la comptabilité de la 19e demi-brigade le 2 août 1801 ;
Major du 28e régiment de ligne le 22 décembre 1803 ;
Colonel du 53e régiment d'infanterie de ligne le Ier février 1805. Adjudant-commandant le 27 mars 1809 ; Commandant supérieur de la Rocca d'Anfo et de son arrondissement le 21 avril 1809 ;
Employé à l'état-major du 4e corps de l'armée d'Allemagne le 20 septembre 1809 ;
Passé avec ce corps d'armée à l'armée de Brabant le Ier mars 1810 ;

Commandant à Helvet-Huys le 25 mars 1810 ; Disponible le 15 avril 1810 ;

Détaché à Avignon pour la concentration des troupes destinées à l'Espagne le 28 octobre 1810 ;

Chef d'état-major de la 2e division d'infanterie du 9° de l'armée d'Espagne le 13 novembre 1810 ;

Chef d'état-major du 70 gouvernement en Espagne le 25 avril 1811 ;

Chargé par le général Dorsenne du commandement supérieur de la province de Zamora le 14 septembre 1811 ;

Chef d'état-major du 5e gouvernement en Espagne le 4 février 1812 ;

Prisonnier de guerre à la reddition de Saint Sébastien le 7 septembre 1813 ;

Général de brigade en récompense de sa belle conduite pendant le siège de cette place le 25 novembre 1813 ; Rentré de captivité le 3o avril 1814 ; Commandant dans le département du Mont-Blanc le 7 août 1814 ;

Remplacé dans ce commandement le 15 avril 1815 ; Commandant les tirailleurs fédérés de la Garde nationale de Paris le 12 juin 1815 ;

Autorisé à se retirer dans ses foyers le 3 juillet 1815 ; Mis en non activité le 1er septembre 1815 ;

Retraité par ordonnance du 3o octobre 1816 ; Relevé de la retraite et compris comme disponible dans le cadre d'activité de l'état-major général le 22 mars 1831 ;

Commandant le département de la Seine-Inférieure le 29 août 1832 ;

Rétabli dans la jouissance de la pension de retraite le 1er mai 1833 ;

Décédé le 14 septembre 1834

Campagnes

1787, 1788, 1789, 1790, 1791, à Saint Domingue ; 1793, 1794, 1795, armée des PyrénéesOrientales ; 1796, 1797, 1798, 1799, 1800 et 1801, armées de Rome, de Naples et d'Italie ; 1804, i805, 1806 et 1807, Italie ; 1809, armée d'Italie ; 1809, 1810, armées d'Allemagne et de Brabant ; 1811, 1812, 1813 et 1814, Espagne et captivité ; 1815, en France.

Blessures

Coup de feu à la jambe droite à Saint Marc le 12 mars 1790, coup de feu à la cuisse gauche à l'affaire de Bascara le 26 mai 1795, blessé de deux coups de feu pendant le siège de Saint-Sébastien en 1813.

Décorations

Membre de la Légion d'honneur le 25 mars 1804, officier le 1er mai 1831 ; chevalier de Saint Louis le 14 août 1814 ; chevalier de l'Empire le 15 août 1809.

A obtenu, par décret du 15 août 1809, une dotation de 2.000 francs de rente annuelle sur les domaines d'Erfurt.

La caserne SONGEON à Albertville vers 1910

Mise en service en 1876, elle servit pour le logement de bataillon de ligne et de chasseurs à pieds, puis du 22° bataillon de chasseurs alpins.

ALBERTVILLE (Savoie). — Caserne Songeon (22° Bataillon de Chasseurs Alpins)

ALBERTVILLE (Savoie). - Caserne Songeon, 22° Chasseurs Alpins
Revue par le Colonel d'un Groupe d'Alpins partant en marche d'Hiver

21. — *Albertville*. - Château de Conflans et Caserne des Chasseurs.
A. Détraz, phot.-éditeur, Albertville.

ALBERTVILLE (Savoie)
Caserne Songeon
Quartier de l'Artillerie

2050 - Coll. L. Grimal, Chambéry

126

SOURCES

Dossiers de la Légion d'Honneur
- <u>LH/2534/6</u>

Société savoisienne d'histoire et d'archéologie n° 1878

Le général Songeon : 1771-1834 : discours de réception à l'Académie de Savoie 8 mai 1913 / J. Cochon, 1913. Description matérielle : 52 p. Édition : Chambéry : Impr. générale savoisienne , 1913. Auteur du texte : Jules Cochon (1846-1922)

Archives départementales :
- Yvelines
- Isère
- Haute-Savoie

Archives historiques de la Guerre, N° 1598

Recherches diverses

CONCLUSION

Voici donc en quelques pages l'évocation de la vie de ce général d'Empire dont la sépulture semble tant bien que mal résister aux assauts du temps dont il me reste à mettre en place une restauration avec l'aide d'organisation très spécialisées.

Du moins est-ce ce que je souhaite car notre patrimoine se doit d'être entretenu.

Je tiens à remercier l'initiateur de cette recherche, David DUARTE, journaliste à « La Gazette en Yvelines » dont j'ai pu apprécier la curiosité, le sérieux et la motivation.

J'aurai bien entendu une pensée pour les conscrits et « Grognards » de Houdan dont les sépultures anonymes sont dispersées aux quatre coins de l'Europe ! Je ne les ai pas oubliés, NOUS ne les oublions pas !

Patrice THEBAULT,
Octobre 2018